Nikola Materne

Popvocals – der Weg zur eigenen Stimme

Über die Autorin

Nikola Materne ist Sängerin und Songwriterin. Sie hat zahlreiche Alben (u.a. mit ihren Bands Sphere und Bossanoire) veröffentlicht, an Film- und Fernsehmusik mitgewirkt, singt auf der Bühne und im Studio. Seit ihrem Musikstudium in Münster und Hamburg sowie einer Ausbildung am Rabine-Institut für funktionale Stimmpädagogik und Stimmtraining (Walheim/Neckar) ist sie als Vocalcoach tätig und hat einen Lehrauftrag für Popvocals an der Musikhochschule Münster.

Nikola Materne

Popvocals – der Weg zur eigenen Stimme

Finde deinen Stil und deinen Ausdruck

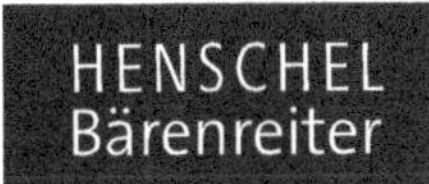

www.henschel-verlag.de
www.seemann-henschel.de

Bibliografische Information der Deutschen Nationalbibliothek
Die Deutsche Nationalbibliothek verzeichnet diese Publikation in der Deutschen Nationalbibliografie; detaillierte bibliografische Daten sind im Internet unter http://dnb.d-nb.de abrufbar.

Gemeinschaftsausgabe der Verlage Seemann Henschel GmbH & Co. KG, Leipzig, und Bärenreiter, Kassel

ISBN 978-3-89487-937-2 (Henschel)
ISBN 978-3-7618-2356-9 (Bärenreiter)

Die Schreibweise entspricht den Regeln der neuen Rechtschreibung.

Lektorat: Anja Herrling
Umschlaggestaltung: Ingo Scheffler, Berlin
Titelbild: © Foto Ruther. Abgebildet ist die Sängerin Giulia Wahn (www.giulia-wahn.com).
Satz: Carmen Klaucke, Berlin
Druck und Bindung: CPI – Ebner & Spiegel, Ulm
Printed in Germany

Wenn Sie wissen wollen, warum Sängerinnen und Sänger in Jazz und Pop anders klingen dürfen – ja: müssen – als Mario Lanza und Maria Callas und wie man das hinkriegt: Dieses Buch zeigt's Ihnen!

Im Laufe der Generationen hat sich die Vorstellung von dem, was Gesang ist, mehrfach grundlegend gewandelt.
Da die Popmusik heutzutage den Alltag bestimmt, haben Sängerinnen und Sänger andere Vorbilder als noch vor einem halben Jahrhundert.
Wie sehr sich die Ästhetik des Gesangs verändert hat und wie sehr man ihr gerecht wird, indem man sich »seiner« Stimme ganz individuell annähert, sie für sich entdeckt und nutzbar macht – all das beschreibt dieses Buch von Nikola Materne.
Dass diese hervorragende Sängerin ihr reichhaltiges Wissen weitergibt, ist ein Gewinn für die nächste Sänger-Generation.

Götz Alsmann

Inhalt

Vorwort

Singen gehört für mich zum Schönsten, was das Leben zu bieten hat. Ich liebe es zu singen – ob allein, zusammen mit anderen, in einer Band, auf der Bühne oder im Studio. Und ich habe großen Spaß daran, anderen im Gesangsunterricht dabei zu helfen, sich zu entwickeln und ihre Stimme zu finden, Schwierigkeiten zu überwinden und Stärken zu fördern.

Ein Buch darüber schreiben wollte ich eigentlich nie, obwohl mich immer wieder Schüler, Studenten und Kursteilnehmer gefragt haben, ob ich das, was ich unterrichte, nicht auch aufschreiben könne. Inzwischen aber habe ich meine Meinung geändert.

Es gibt ja bereits jede Menge Bücher zur Gesangstechnik in der Popmusik, einige davon sind wirklich gut und umfassend. Zudem wurden Unmengen von Anleitungen zum richtigen Atmen, zur Improvisation, zum Songwriting und der perfekten Performance veröffentlicht. Viele Bücher und zahlreiche Gesangscoaches jedoch suggerieren, dass man lediglich die eine oder andere bestimmte Technik besonders gut beherrschen muss – was, wie sie glauben machen, jeder kann – und es dann auch mit dem Singen klappt. Häufig wird dabei nach dem Leistungsprinzip verfahren: »Höher, schneller, lauter!« Wichtig scheint außerdem eine leichte Greifbarkeit, bei der das Singen quasi wie ein Kochrezept funktioniert: Hat man erst einmal alle Zutaten beisammen, ist man auch schon ein Sänger! – Eine Idee, mit der denn auch viele zum Gesangsunterricht kommen. Sie wollen schnell die »richtige« Technik lernen, um »gut« zu singen.

Meine langjährige Praxis als Gesangscoach aber hat gezeigt, dass es so nicht funktioniert. In der Welt des Pop wimmelt es von Sängern und Sängerinnen, die näseln, krächzen, schlecht intonieren, nuscheln oder sich merkwürdig bewegen und auch sonst alles Mögliche »falsch« machen. Dennoch sind sie erfolgreich und werden von Millionen Menschen gerne gehört. Einige hauchen immer nur leise, andere schreien infernalisch, Männer singen in hoher Kopfstimme, Frauen rocken mit aggressiver Bruststimme – in der Popmusik findet man fast alles, von größter Könnerschaft und Virtuosität bis hin zu monotonem Sprechgesang. Denn gerade die Vielfalt, die Individualität, der Bruch mit Konventionen und das Unangepasste sind es, die den Gesang in der Popmusik zu etwas Aufregendem, Berührendem und immer wieder Überraschendem machen. Es gibt nicht die eine korrekte Art, das hohe C zu singen, sondern unendlich viele Möglichkeiten, je nachdem, wer es singt und was er zu sagen hat.

Der Weg zum Erfolg, zur Zufriedenheit oder einfach nur zum Spaß am Singen führt meines Erachtens über die Suche nach sich selbst, nach den eigenen Stärken und Schwächen, nach der eigenen Persönlichkeit, die sich in der Stimme spiegelt, und nicht zuletzt nach dem, was man mit seinem Gesang sagen möchte. Kurz: Es geht darum, die eigene Stimme zu finden – und in nur sehr beschränktem Maße darum, was »richtig« und was »falsch« ist. Das ist ein spannender Weg, der ebenso Spaß und Entwicklung wie manchmal auch Frust und Krisen beschert. Es scheint vielleicht mühsamer, aber es bedeutet doch auch, dass wir als Lernende nicht unmündig und passiv von außen gestellte Aufgaben abarbeiten, sondern wach und eigenständig an uns selbst und unserer Ausdrucksfähigkeit feilen dürfen.

Jeder, der singt, befindet sich auf diesem Weg, vom blutigen Anfänger bis zum Profi. Ein Anfänger möchte ganz grundsätzlich seine Stimme kennenlernen und dabei entdecken, was er kann und welche Musik zu seiner Stimme passt. Ein Profi hat sich meistens stimmlich und stilistisch schon positioniert und sucht vielleicht nach noch mehr Authentizität und Freude oder hat womöglich mit Stimmproblemen zu kämpfen. Egal aber, an welchem Punkt man in seiner Entwicklung steht: Das Singen ist immer eng mit der Person, dem Körper, dem Herzen und nicht zuletzt mit dem individuellen Lebensweg gekoppelt.

Den Bereich der klassischen Musik schließe ich hier bewusst aus. Nicht etwa, weil ich nichts von klassischem Gesang hielte, sondern weil ich als Sängerin und als Gesangslehrerin immer in den diversen Genres der Popular- bzw. kurz: Popmusik gearbeitet habe, also Pop, Soul, Jazz, Rock usw. Auch wenn womöglich einiges, was ich hier beschreibe, ebenso für klassische Sänger gelten mag, sind die Anforderungen an den klassischen Gesang doch grundsätzlich andere als die an den Popgesang. Vor allem ihre unbegrenzte Stil- und Stimmvielfalt macht die Popmusik so spannend. Sie ist echte Volksmusik – auch in dem sehr ursprünglichen Sinn, dass sie jedermann zugänglich ist.

Natürlich sind Gesangsunterricht, regelmäßiges Üben und dauerhaftes Lernen wichtig, wenn man vorankommen möchte. Ebenso wichtig aber ist der Mut, allein oder mit dem Coach immer wieder zu hinterfragen, ob man tatsächlich alles können muss und vermeintliche Schwächen auch in

Stärken verwandeln kann. Dazu sollte man jederzeit das Ziel im Blick behalten, zu noch mehr echtem emotionalen Ausdruck zu finden. Denn wer Musik macht, zumal mit der eigenen Stimme, betreibt die emotionalste aller Künste!

Ich hoffe, ich kann mit diesem Buch dazu beitragen, dass du, liebe Leserin und lieber Leser, mit deiner Stimme zufrieden und glücklich bleibst oder wirst, wo auch immer du gerade stehst. Dass du Stoff zum Nachdenken und Ausprobieren – oder vielleicht auch zum hitzigen Diskutieren – findest. Und dass du jeglichen Stress hinter dir lässt und Lust bekommst, das Singen als Spielwiese und großes Geschenk zu betrachten.

Zur weiblichen / männlichen Form der Ansprache:
In diesem Buch verwende ich durchgehend die männliche Form, also »Sänger« statt »Sängerin/Sänger« o.ä. und auch immer »er« statt »sie/er« usw., sonst wird vieles – leider – zu kompliziert zum Lesen und Schreiben. Natürlich aber sind durchgehend Frauen wie Männer gemeint, es sei denn, ich schreibe explizit etwas anderes.

Popularmusik oder Popmusik:
Mit der Benennung von Stilen in der Musik ist es so eine Sache. Häufig wird »Popmusik« als Begriff für eine bestimmte Stilrichtung in der »Popularmusik« gebraucht. Ich benutze den Ausdruck »Popmusik« in diesem Buch als Abkürzung für den sperrigen Begriff »Popularmusik« bzw. »populäre Musik« und meine damit ein fast unüberschaubares Angebot von Stilen wie z. B. Rock, Funk, Reggae, Pop usw., die sich auch noch in kleinste Untergruppen unterscheiden lassen und ineinander übergehen. Den Jazzgesang kann man meiner Ansicht nach miteinbeziehen, überdies gibt es auch Überschneidungen mit der Weltmusik, dem Musical, der Klassik und anderen musikalischen Richtungen. Man möge mir nachsehen, dass ich nicht alles haarklein auseinanderdividiere, sondern meinen Fokus auf etwas anderes lege – und ich hoffe, damit all diejenigen, die sich als Sänger in dem weiten Feld der Popmusik empfinden, anzusprechen.

Das 🎤-Symbol:
Immer, wenn das Mikrosymbol auftaucht, kannst Du selber aktiv werden und die vorgeschlagenen Übungen ausprobieren, die Fragen für dich beantworten oder etwas Bestimmtes reflektieren.

Einleitung

Jeder kann singen! Wirklich? Zwischen Leistungsdruck und Ausdruck

Was heißt »singen können«?

Viele Bücher versprechen, dass jeder das Singen lernen kann. Welche Fähigkeiten aber braucht man, um dann sagen zu dürfen: »Ich kann singen«? Sind bestimmte Kriterien zu erfüllen oder ist eine Prüfung zu bestehen? Je genauer wir darüber nachdenken, desto klarer wird: Es gibt keine Definition für das »Singen-Können«.

In der Popmusik findet man jede Menge Sänger, die, gemessen an bestimmten Parametern wie Stimmumfang, Intonation, Dynamik, Klangvielfalt, über großartiges Können verfügen. Aber sind dann alle anderen, die nicht so viele messbare Fähigkeiten zu bieten haben, keine Sänger? Und wen interessiert das? Gerne wird gelegentlich über sehr erfolgreiche, beliebte Popsänger gesagt: »Der kann doch gar nicht singen.« Na und?

Für den Sänger selbst spielen solche Urteile eigentlich kaum eine Rolle – es sei denn, er selbst oder jemand anderer versucht, seine stimmlichen Fähigkeiten zu messen. Ist man gut, wenn man besonders laut singen kann? Oder besonders hoch? Darauf gibt es keine Antwort! Vielleicht wünscht sich ein Sänger, höher singen zu können, weil er immer wieder an Grenzen stößt, die ihn stören oder weil jemand ihm gesagt hat, dass dies zum guten Gesang dazugehört. Aber unter Umständen kommt er auch irgendwann an den Punkt, in seinen Songs nicht höher zu singen, als es für ihn komfortabel ist und sich damit pudelwohl zu fühlen. Entscheidend ist vielmehr:

Der Gesang braucht das »gewisse Etwas«. Bei dem einen kann das eine typische Eigenheit sein, beim anderen der berührende Stimmklang und beim Dritten besonders große Gesangskunst.

Möglicherweise lässt sich gar nicht genau benennen, was im Endeffekt einen Sänger besonders macht. Und manche Stimme spaltet die Zuhörerschaft – was die einen toll finden und immer wieder hören möchten, klingt für die anderen schlicht scheußlich.

Von der Badewanne bis zur Konzertarena: Warum möchte man »singen können«?

Manchmal ist es hilfreich, sich darüber klar zu werden, warum das Singen-Können so wichtig ist. Das klingt banal, ist es aber keineswegs. Ein Beispiel: Ich hatte eine Schülerin, die in einem Hobby-Popchor singt, wo jeder auch mal den Leadgesang, also den Haupt- bzw. Sologesang übernehmen darf. Bei den seltenen Konzerten hören in erster Linie wohlgesonnene Freunde und Verwandte zu. Trotzdem hatte sie mit dem Singen einen Riesenstress und eine Heidenangst vor jedem Solo. Eigentlich sollte ihr Hobbygesang doch nichts als Freude und Erholung vom anstrengenden Beruf sein, stattdessen stand über allem die bange Frage: »Kann ich gut genug singen?« Für sie war es vollkommen selbstverständlich, diesen Aspekt des Singens ganz in den Vordergrund zu stellen. So setzte sie sich selbst einem völlig unangemessenen Leistungsdruck aus – und verlor den Spaß an der Sache. Erst nach und nach wurde ihr klar, dass sie sich beim Singen auch auf ganz andere, positive Aspekte wie Freude, Gefühlsausdruck oder das gemeinsame Musizieren konzentrieren kann. Natürlich ist Ehrgeiz immer ein guter Antrieb. Lernen, besser werden und etwas erreichen, was man vorher nicht konnte, kann großen Spaß und Erfüllung bringen. Doch bei einem Zuviel schlägt der Leistungswille in Frustration um – und das nicht nur bei Hobbysängern, auch Profis kann das passieren. Ich kenne viele, die im Konkurrenzkampf an der Musikhochschule oder auf der Bühne die Freude am Singen verloren haben.

In den letzten Jahren ist es zur Mode geworden, Gesang zu bewerten: Jurys urteilen über Kandidaten, im Internet wird »gelikt« (oder auch nicht), und jeder fühlt sich berufen, Kommentare abzugeben. Das passt perfekt in unsere leistungsorientierte Welt. Die meisten von uns sind mit diesem Leistungs- und Bewertungssystem groß geworden: Permanent werden Zensuren und Punkte vergeben, da bleibt kaum noch Raum für die Schönheit des Unperfekten, die Ästhetik des Merkwürdigen, die Kunst des Weglassens. Viele hören schon als Kinder: »Du kannst nicht singen!« Auf diese Weise wird die Lust am Singen bereits im Keim erstickt. Ich glaube:

Singen ist eine Möglichkeit, diesen Stress hinter sich zu lassen, anstatt ihn zu bedienen! Dazu gehört allerdings die bewusste Entscheidung, sich nicht von ihm einnehmen zu lassen.

Es ist wichtig, sich als singender Mensch – immer wieder – von Bewertungen frei zu machen. Auch dann oder vielleicht sogar besonders dann, wenn andere da sind, um den Gesang zu beurteilen, z. B. bei einer Prüfung oder bei einem Vorsingen. Es ist schön, sich in jeder Situation auf den Zauber des Singens besinnen zu können. Urteilen sollen dann die anderen.

Erfolg ist tatsächlich nur eines der möglichen Ziele, die man mit seinem Gesang verfolgen kann. Und der stellt sich womöglich eher dann ein, wenn man beim Singen mit der Geschichte und mit dem Gefühl des Songs, mit sich selbst oder – wer etwas damit anfangen kann – mit einem höheren Wesen verbunden ist, statt sich mit der Frage herumzuplagen, ob man »gut« oder »schlecht« singt.

Dieses Loslösen vom Leistungsprinzip ist natürlich nicht so schwuppdiwupp erledigt, es kann ein lebenslanger Prozess sein. Als Sänger hat man eine Geschichte, und in der gibt es neben Erfolgen und Lob auch Rückschläge und fiese Kritiken. Wenn wir uns hinstellen und etwas für andere singen, möchten wir natürlich gemocht und gelobt werden. Wir begeben uns in eine Situation, in der wir jede Menge von uns zeigen, vor allem, wenn wir den Anspruch haben, dabei authentisch zu sein. Das kann Angst machen, denn jede Ablehnung tut dann weh. Dennoch ist es möglich, vom Gut-Schlecht-Raster bewusst immer wieder aufs Neue wegzugehen und sich anderen, erfüllenderen Aspekten des Singens zuzuwenden.

Dann gibt es da noch diejenigen, die singen können wollen, um »Popstar« zu werden. Sänger mit allein dieser Motivation haben aber meiner Ansicht nach von vorneherein verloren. Natürlich freut sich jeder Sänger, wenn die Hörer seinen Gesang lieben, zu seinen Konzerten pilgern und seine Songs kaufen. Aber erreichen und dann auch genießen kann dies nur, wer den Gesang und die Musik liebt! Denn nur die wenigsten starten so ganz ohne Mühe durch. Der Weg zum erfolgreichen Sänger setzt Durchhaltevermögen und eine Menge harter Arbeit voraus, und er führt immer auch über schwierige Abschnitte, in denen man mit Ablehnung, schlechten Kritiken und mangelndem Erfolg klarkommen muss. Das kann nur schaffen, wer liebt, was er tut.

Im Übrigen: Wenn man es dann endlich geschafft und es als Sänger zu Berühmtheit gebracht hat, ist das längst noch keine Garantie für persönliches Glück. Die Beispiele von Michael Jackson, Amy Winehouse und Whitney Houston sind dafür trauriger Beleg.

Die vielen anderen Aspekte des Singens:
Was ist für Singende wichtig neben dem »Singen-Können«?

Wenn der Fokus nur noch auf dem Können bzw. der Gesangstechnik liegt, fallen viele andere Aspekte des Singens unter den Tisch, so etwa das Singen als:

- Vermittlung von Inhalten, also Nachrichten, Geschichten, aber auch Gefühlen
- Kunstform
- Möglichkeit, Gefühle und Stimmungen in Musik zu verwandeln
- Freude am Klang, am Rhythmus, am Musizieren, an der Virtuosität
- Ausdruck der eigenen Persönlichkeit
- Entspannung, Energielieferant, »Glücklichmacher«, Mutmacher
- Mittel, Gefühle zu verändern
- Meditation
- Ausdruck religiöser Gefühle
- Ritual
- heilende Kraft

Diese Auflistung ist ganz sicher nicht vollständig. Die Essenz jedoch lautet:

> Singen ist Kommunikation mit anderen und mit sich selbst.

In der Kommunikation, also dem Austausch von Informationen, finden wir eine der Urbedeutungen des Gesangs. Seit jeher ist das Singen ein Transportmittel für Geschichten, bei manchen Völkern auch für ihre Geschichte. Mythen und Märchen wurden und werden so weitergetragen, genauso wie Nachrichten, Informationen und Botschaften aller Art – vom Kochrezept bis zu großen politischen und religiösen Themen. Auch Popsongs vermitteln Inhalte und erzählen Geschichten. In einem Protestsong von Bob Dylan z.B. fungiert der Gesang wahrscheinlich in erster Linie als Vehikel für den sozialkritischen Text. Auch beim Rap, also

Sprechgesang, tritt das Element des Singens weit in den Hintergrund, um der Vermittlung von Textinhalten Platz zu machen. Umgekehrt gibt es natürlich Popsongs ganz ohne sinnvollen Text, die also entweder mit Vokalisen (Gesang nur auf Vokalen), Fantasiesprachen oder Nonsenstexten gesungen werden. Die weitaus größte Zahl jedoch verfügt über einen (mehr oder weniger) sinnhaften Text.

Die Kommunikation funktioniert bei Popsongs aber nicht nur über den Textinhalt, sondern darüber hinaus auch über die Musik, die Optik, die Art des Vortrags und nicht zuletzt über das Image des Sängers. Ein und derselbe Song wird ganz unterschiedlich verstanden, wenn er von unterschiedlichen Sängern interpretiert wird. Ein spannendes Beispiel hierfür ist der Kultsong *Smells Like Teen Spirit* von der Band Nirvana. Er wurde neuinterpretiert von Sängern wie Tori Amos, Miley Cyrus, James Hetfield (Metallica) und auch Paul Anka. Sie alle kommen aus den verschiedensten Ecken des Popuniversums: eine künstlerisch anspruchsvolle Singer/Songwriterin, ein blutjunger Teenstar, ein gestandener Rocker und ein Swing/Jazz-Crooner[1] im Rentenalter. Das »Gesamtpaket« des Sängers, sein Gesangsstil, seine Songinterpretation, aber auch sein Image, sein Aussehen und sein Auftreten beeinflussen, neben dem Text, die Information, die mit dem Song transportiert bzw. kommuniziert wird. Wie der Empfänger die Kommunikationsbotschaft dann entschlüsselt, ist natürlich wiederum von höchst subjektiven Kriterien abhängig, beispielsweise von seinem persönlichen Geschmack, seinen Werten und seiner aktuellen Gefühlslage.

Kommunikation ist das zentrale Anliegen des Sängers. Er möchte Inhalte und Gefühle vermitteln, sowohl an seine Zuhörer, wie auch an sich selbst. Kommunikation lautet das Motto auch für alle anderen, bereits oben aufgelisteten Aspekte, es gibt für den Gesang immer einen Adressaten. Im Unterschied zum bloßen Sprechen ist Gesang eine Kunstform. Er gibt uns die Möglichkeit, eine Aussage und eine Stimmung in Musik zu verwandeln. Damit wird dem textlichen Inhalt durch die Musik eine weitere Ebene hinzugefügt, die seine Aussage verstärken, verändern oder auch brechen kann. Gesang ist also immer eine künstlerische Ausdrucksform. Er ist ein menschliches Kulturprodukt, das Ergebnis eines kreativen Prozesses. Irgendwann einmal haben unsere Vorfahren die Stimme nicht mehr nur zum Sprechen benutzt oder dazu, Laute zu produzieren – sie begannen zu singen!

---

1 von engl. *to croon*: leise singen; ein Crooner pflegt einen weichen, leiseren Gesangsstil, häufig genutzt im Easy-Listening oder Swing

Im kreativen Vorgang des Singens stecken für den Sänger viele Möglichkeiten der Kommunikation und Beschäftigung mit sich selbst. Es ist großartig, aus sich selbst heraus Musik erschaffen zu können, auch ganz alleine, ohne Mitmusiker, ohne Zuhörer und ohne Instrument. Dabei kann man Spaß am Musizieren erleben und durch das Musikmachen ganz anders mit sich und anderen in Kontakt kommen als sonst. Klang, Schwingungen und Rhythmus haben eine harmonisierende Wirkung auf unseren Körper und unsere Psyche. Die Freude an den eigenen Tönen und Fähigkeiten ist eine Qualität, die ein ganz anderes Verständnis des Singen-Könnens ermöglicht. Diesen Genuss am Gesang kann ein Sänger auch an andere vermitteln. Ein guter Sänger begeistert nicht nur durch seine Fähigkeiten, er überträgt auch etwas von seinem körperlichen und mentalen Zustand, seiner Schwingung, auf den Zuhörer.

Gesang kann uns euphorisieren, beruhigen, zu Tränen rühren, aufpeitschen ... Man kann seinen Liebeskummer besingen oder seine Wut herausschreien. Es gibt ein grundsätzliches Bedürfnis im Menschen, sich anderen mitzuteilen, sich darzustellen, zu zeigen, wer man ist und was einen bewegt. Gesang kann Gefühle ausdrücken, verstärken, hervorrufen und wandeln: Ein Worksong gibt Kraft zum Arbeiten, ein Wanderlied Energie fürs Laufen. Ein Protestsong befeuert die Kampfeslust. Ein Lied kann Mut geben. Singen kann Angst nehmen und Sehnsucht entfachen. Die Liebe mit allen ihren Gefühlsfacetten ist das Lieblingsthema von unzähligen Popsongs. Durch ein Lied erinnern wir uns an große Gefühle, wir erkennen uns in ihm wieder. Gesang kann sowohl den Sänger als auch die Zuhörer glücklich machen, er kann helfen, Trauer zu verarbeiten oder zu entspannen. Schon Babys reagieren stark auf Gesang und lassen sich durch die Singstimme beruhigen.

In vielen spirituellen Praktiken wird Gesang genutzt, um in einen meditativen Zustand zu gelangen. Die Worte der meist repetitiv gesungenen Phrasen tragen Inhalte in den versenkten Geist, ebenso können tranceartige Zustände durch Gesang erreicht werden. Ich bin davon überzeugt, dass auch ein Popsänger in einen meditativen oder trancehaften Zustand kommen kann. Auf jeden Fall gibt es ein Singen im »Flow«[2] – in einem Gefühl also der völligen Vertiefung und des Aufgehens im Singen. Die tiefen Gefühlsebenen des Singens nutzen spirituelle Gemeinschaften als Gebet, Lobpreis, Versenkung und Ekstase. Die Popmusik ist z. B. stark beeinflusst von der christlichen afro-amerikanischen Gospelmusik. Viele berühmte Sänger haben dort ihre musikalischen Wurzeln.

---

2 von engl. *to flow*: fließen; Begriff aus der Psychologie

Gesang als Ritual ist in fast allen gesellschaftlichen Zusammenhängen zu finden, vom Fußballspiel bis zur Parteiversammlung, vom Vereinsfest bis zum Kindergeburtstag. Ob im Karneval, zu Weihnachten oder bei einer Gedenkfeier, überall werden die bindende Kraft und die gefühlstransportierenden Qualitäten des Singens genutzt. Der bekannte Spruch »Wo man singt, da lass‘ dich ruhig nieder, böse Menschen haben keine Lieder« ist leider nicht ganz korrekt – auch brutale Armeen und diktatorische Regierungen haben ihre Gesänge.

Überdies verfügt der Gesang über heilende Qualitäten. Er wird in der Psychotherapie und in der Psychiatrie eingesetzt. Von der positiven Wirkung des Gesangs wird auch in der Behandlung z. B. von Wachkoma-, Tinnitus-, Demenz- und Autismuspatienten berichtet.

Mir ist es wichtig, diese vielen Aspekte des Singens ins Gedächtnis zu rufen – vor allem denen, für die Gesang Leistung, Kampf oder Krampf bedeutet. Was ich als Gesangslehrerin immer wieder erstaunlich finde: Eigentlich kennt oder erahnt jeder, der singt, die bewegenden, beglückenden, kommunikativen und heilenden Aspekte des Singens. Deshalb möchte man doch eigentlich singen, deshalb gibt es eine Sehnsucht, einen Wunsch, zu singen. Dennoch haben so viele den Bezug dazu teilweise oder sogar ganz verloren. Ich kenne Gesangsstudenten, die ausschließlich damit beschäftigt sind, ihre Stimme zu »trainieren« und denen der Spaß am Singen vollständig abhandengekommen ist; Profis, die zwar nahezu perfekt singen, aber es nicht mehr schaffen, sich und andere mit ihrem Gesang zu berühren; Sänger, die keine Lust mehr haben, auf die Bühne zu gehen und zu singen; andere, bei denen der Körper Warnsignale in Form von Stimmstörungen gibt; viele, bei denen die Angst vor Fehlern im Vordergrund steht, sobald sie die Stimme erheben.

Bei jedem Üben, bei jedem Auftritt, überhaupt immer, wenn man singt, sollten die positiven Aspekte des Singens mindestens so wichtig sein, wie das »Gutsein«-Wollen und das »Richtigsein«-Wollen. Wenn man bemerkt, dass einem diese Balance nicht gelingt, ist es höchste Zeit, sich auf die Suche nach den Gründen zu machen!

Schönheit, Perfektion und Unversehrtheit: Wer »darf« singen?

Dass jeder singen lernen kann, dass also jeder am Ende irgendwann, wenn er nur fleißig genug übt, hohe messbare Fähigkeiten erlangt, ist nach meiner Überzeugung Unsinn. Es sind schon Teenager in meinen Unterricht gekommen, die noch nie eine Gesangsstunde hatten und eine schwierige Popballade so gut sangen, dass man daran kaum etwas verbessern konnte. Andere dagegen haben schon viele Jahre intensiven Lernens hinter sich, und trotzdem verfügen sie nicht über die stimmlichen Voraussetzungen, um denselben Song zu singen. Ganz ohne Talent geht es also nicht – zumindest, wenn man bestimmte gesangliche Fähigkeiten erlangen möchte. Eine frustrierende Erkenntnis? Nein, eher eine entlastende, wie ich finde. Andernfalls wäre es ja im Endeffekt immer die eigene »Schuld«, wenn man etwas nicht kann, obwohl man es doch so sehr versucht hat. Klar, wenn ein Sänger lässig, scheinbar unangestrengt und ohne viel Üben Sachen schafft, für die man selbst richtig ackern muss, kann das schon nerven. Aber so ist das nun mal.

Es ist heilsam, nicht nach dem Können der anderen zu schielen. Stattdessen sollte man sich auf die eigenen Stärken und Ziele besinnen. Denn es wird immer andere geben, die lauter oder höher singen können.

Wenn man das Leistungsprinzip konsequent zu Ende denkt, dann dürften einige Menschen gar nicht singen, weil sie das »Klassenziel« nicht erreichen können. Bei älteren Menschen z. B. wird die Stimme oft brüchig und weniger flexibel. Dennoch kann gerade das in der Stimme hörbare gelebte Leben sehr berührend sein. Sehr schön demonstrieren das die Studioalben, die Johnny Cash in den letzten zehn Jahren seines Lebens aufgenommen hat. Oder Joni Mitchell: Sie hat ihren Song *Both Sides Now* zweimal im Studio aufgenommen, einmal 1969 mit 26 Jahren und dann noch einmal im Jahr 2000 als 57-Jährige mit einem ganzen Orchester auf dem gleichnamigen mit einem Grammy ausgezeichneten Album. Die anhand dieser Aufnahmen hörbare Veränderung ihrer Stimme ist absolut faszinierend! Welche Version besser, welche schöner oder bewegender ist, kann nur jeder Hörer für sich entscheiden. Für mich persönlich ist die neuere Version mit der schon deutlich gealterten Stimme eines meiner absoluten Lieblingslieder, das mich immer wieder zu Tränen rührt.

Ein wirklich spannender Sänger, der mir in diesem Zusammenhang einfällt, ist Jimmy Scott, ein US-amerikanischer Jazzsänger, der durch eine Erbkrankheit keinen Stimmbruch hatte. Seine hohe, etwas brüchige Stimme, die häufig mit einer Frauenstimme verwechselt wird, und seine Bühnenerscheinung sind einzigartig und entsprechen so gar nicht den Normvorstellungen von einem Jazzsänger, dennoch oder gerade deshalb werden seine intensiven Songinterpretationen geliebt.

Popgesang: Entertainment, Kunst und Rebellion

Was ist Popmusik?

Ich möchte hier zunächst einmal die wichtigsten Aspekte, die Popmusik ausmachen, zusammenfassen, denn ich glaube, dass man ohne eine theoretische Idee davon, was Popmusik überhaupt ist, nicht über Popgesang schreiben kann.

Auf jeden Fall ist sie ein allgegenwärtiger Teil des Lebens, man kommt kaum darum herum, sie zu hören, und sei es aus den Lautsprechern im Supermarkt. Bei näherer Betrachtung besteht sie zudem aus einer kaum noch zu überblickenden Vielzahl verschiedenster Strömungen, die allesamt auch eine spezifische Art des Gesangs hervorbringen (abgesehen natürlich von der reinen Instrumentalmusik).

Popularmusik (oder vereinfacht: Popmusik) gehört, wie der Name schon sagt, zur Popularkultur bzw. Popkultur, sie ist Musik fürs »Volk« (lat. *populus*). Sie ist Unterhaltungsmusik, also U-Musik – im Gegensatz zur sogenannten E-Musik, also der ernsten Musik, die in der langen Musiktradition der Klassik steht und mit Bildung, hoher Kultur und Kunst konnotiert ist. Eine Einteilung, die in ihrer Pauschalität den vielen Musikstilen und auch deren Rezeption nicht gerecht wird. Wenn z. B. André Rieu in einer Fernsehshow E-Musik von Johann Strauss zum Besten gibt, ist dies ganz klar Massenunterhaltung, während z. B. U-Musik von Frank Zappa viele Hörer überfordert, die sie womöglich gar als abgehobene Kunst betrachten. Die Grenzen verschwimmen ebenso, wenn die Rockband Metallica mit einem kompletten Symphonieorchester auf die Bühne geht oder der Violinist David Garrett bearbeitete klassische Musik mit einer Rockband spielt.

Grundsätzlich distanziert sich Popmusik von Bildungsdünkel und elitärem Denken. Bei Pop geht es um Spaß, Entertainment, Tanzen und Party oder auch darum, Gefühlen wie Liebeskummer oder Aggression Ausdruck zu verleihen. Musikalische Komponenten wie Harmonik, Rhythmik usw. dienen diesem Zweck und werden tendenziell eher einfach gehalten. Es gibt aber immer wieder auch Strömungen, die sich vom Mainstream entfernen und musikalisches Neuland suchen. Die Popmusik findet dann andere, unter Umständen komplexere oder noch wenig bekannte stilistische Ausdrucksformen, und die Grenzen zu anderen

Musikgenres wie Jazz, Klassik oder Weltmusik werden überschritten. Ein Beispiel ist die Band Weather Report, eine der künstlerisch bedeutendsten und auch kommerziell erfolgreichsten Fusion-Bands in den 1970er und 1980er Jahren, deren Musik Jazz-, Rock- und Latin-Einflüsse zusammenbrachte. Ein Beispiel für die Fusion von Klassik und Pop ist das Album *Pictures At an Exhibition* von 1971, auf dem die Band Emerson, Lake & Palmer den Klavierzyklus *Bilder einer Ausstellung* des russischen Komponisten Modest Mussorgski (1839–1881) mit den Mitteln der Rockmusik neu interpretierte. Weltbekannte Welt-/Popmusiker sind z. B. der indische Sitar-Spieler Ravi Shankar und der senegalesische Sänger und Komponist Youssou N'Dour.

Auch die Nähe beziehungsweise Zusammenarbeit mit der bildenden Kunst bringt neue Aspekte in die Popmusik. Die US-amerikanische Performance-Künstlerin und Musikerin Laurie Anderson z. B. hat kommerziell sehr erfolgreich Kunst und Popmusik kombiniert. Und ein zeitgenössischer Popstar wie Björk erweist sich musikalisch wie auch in ihrer kompletten Performance als eine Grenzgängerin zwischen Kunst und Pop, sie ist eine Art Gesamtkunstwerk.

Häufig betrachten sich Popmusiker als Rebellen, die mit ihrer Musik und ihren Texten aufbegehren gegen Bürgerlichkeit, Konservativismus oder die herrschenden Verhältnisse. »Dagegensein« war immer eine Antriebskraft der Popmusik. Massenkultur auf der einen und Nicht-Anpassung auf der anderen Seite ergeben das Spannungsfeld, in dem sich Popmusik entwickelt. Immer wieder werden neue Strömungen aus dem Underground beziehungsweise der sogenannten Alternativkultur aufgesogen und in massenkompatible »Lifestyles« überführt. Die frühen Rock 'n' Roller mit ihrem wilden Hüftschwung und die ersten Punks mit Irokesenfrisur wollten die »Spießer« schocken, doch irgendwann wurde ihr Auftreten genauso wie die dazugehörige Musik »trendy« und »cool« und war damit nicht mehr subversiv. Nicht jeder Underground-Act wird automatisch irgendwann Pop, wohl aber bedient sich Massenunterhaltung immer wieder aus den Ideentöpfen der abseits vom Mainstream gelegenen Kulturstile. Zum Beispiel Lady Gaga: Sie ist der Prototyp einer Musikerin, die sich aus allem, was die Popkultur zu bieten hat, etwas Neues zusammenpuzzelt, dabei Provokation und Populismus auf das Geschickteste vermischt und auf diese Weise zur erfolgreichsten Sängerin der letzten Jahre wurde.

Einen weiteren essenziellen Bestandteil der Popmusik bildet die Technik. Verstärker, elektrische Instrumente wie E-Gitarren, Mikrofone und jede Menge weiterer Geräte für den Einsatz im Tonstudio und auf der Bühne haben nicht nur die Lautstärke und Tragweite der Musik sondern auch ihren Sound, ja, sogar die Musik selbst nachhaltig verändert. Effekte wie z.B. Hall oder Distortion (dt: Verzerrung) können den Klang von Instrumenten und Stimme verändern, früher durch analoge Geräte, heute zusätzlich durch nahezu unendliche digitale Möglichkeiten. Synthesizer und Computer spielen als Instrumente eine wichtige Rolle. »Unplugged«, also komplett stromfrei, kann man natürlich auch Popmusik machen, das ist aber nur eine Spielart von vielen.

Überhaupt: Erst durch die Erfindung von entsprechenden Tonträgern und Massenmedien sowie deren technische Weiterentwicklung konnte die Popmusik zu einer echten Massenkultur werden. Während vorher immer nur die Menschen Musik genießen konnten, die in Hörweite von Musizierenden waren, kann man heute überall auf der Welt zu jeder Zeit jede Musik hören – vorausgesetzt man verfügt über die entsprechenden materiellen Möglichkeiten.[3]

Popgesang – Individualität versus Mainstream

Popgesang ist so vielschichtig wie die Popmusik selbst. In vielen Gesangsratgeberbüchern, aber auch weitverbreitet im Unterricht, wird der »Mainstream«-Gesang gelehrt. Die Strategie: Man muss bestimmte Fähigkeiten erlernen, die dem Popgesang zugeschrieben werden, und so wird man dann ein Popsänger. – Wo aber bleibt das Individuelle, das Eigenwillige, das Kaputte? Wo bleibt die eigene Persönlichkeit, wo das Experiment, wo der fremde, der überraschende Einfluss? Und wo, bitte schön, bleibt der Rock ’n’ Roll?

Natürlich erleichtert es die Sache ungemein, wenn man einen Aufgabenkatalog zur Verfügung hat, nach dem man sich richten kann. Aber dem eigentlichen Geist und der ursprünglichen Idee der Popmusik wird man so nicht gerecht. Da wird geübt und geübt, um bestimmte standardisierte Fähigkeiten zu erreichen – und heraus kommen entweder verwechselbare bzw. austauschbare Stimmen oder »Versager«, die es irgendwie nicht hinkriegen. Würde man alle erfolgreichen Popsänger auf ihre gesanglichen Fähigkeiten hin prüfen, dürfte eine beträchtliche Anzahl bekannter Namen »durchfallen«. Denn etwas anderes zählt mehr als alle Technik: Begeisterung, Leidenschaft, Ausdruck, Gefühl, Authentizität, Style. Sicherlich gibt es tolle Sänger, die durch ihre kraftvolle, virtuose Stimme begeistern, die über einen großen Stimmumfang und eine beein-

---

3 Ein spannendes Buch zur Entstehungsgeschichte der Popmusik hat Ernst Hofacker geschrieben: Von Edison bis Elvis. Wie die Popmusik erfunden wurde (Reclam 2012)

druckende Stimmtechnik verfügen. Aber aus gutem Grund sind neben Christina Aguilera auch Marianne Faithfull und neben Freddy Mercury auch Mick Jagger beliebte und erfolgreiche Künstler. Wen man bevorzugt, bleibt Geschmackssache. Es gibt kein 08/15-Rezept, stattdessen sind die Wege zum guten Popsänger so vielfältig wie die Anzahl der Sänger groß ist. Oft fasziniert gerade das Unverwechselbare, Eigene den Hörer. Und genau das ist es, was jeder Sänger bei sich suchen und fördern sollte.

Eine weitere Versuchung, der man als Sänger gerne erliegt, ist das gleichsam nach Rezept funktionierende Bedienen bestimmter Stile. Eine Soulsängerin muss »schwarz« klingen und eine Powerstimme haben, ein Rocksänger muss mit rauer »Röhre« singen usw. Natürlich kann es funktionieren, wenn man sich als Sänger einen Stil sucht, den man stimmlich gut bedienen kann. Aber spannend sind manchmal gerade die Stilbrüche. Die 1965 gegründete Band Canned Heat etwa wird dem Bluesrock zugeordnet, ihre Hits wie *Goin' Up the Country* oder *On the Road Again* werden heute noch gerne gehört – doch Alan Wilson, die Stimme dieser Hits, klingt mit seinem fisteligen, etwas knödeligen Tenor und seiner merkwürdigen Phrasierung ganz und gar nicht wie ein typischer Bluessänger. Gerade das aber gibt der Musik den speziellen unverwechselbaren Touch. Und eine Band wie Pomplamoose macht spannende Coverversionen, z. B. auch von R&B[4]-Songs, die in der gesanglichen Präsentation und in der Performance einen gänzlich anderen Gestus pflegen als die Originale. Ein Sänger wie Jamie Cullum interpretiert eigene jazzige Songs, verjazzte Coverversionen und altbekannte Jazzstandards so modern und fast rockig, dass er gleichermaßen als Teeniestar wie als Jazzsänger durchgeht.

Es gibt immer wieder Trends, die dadurch gebrochen werden, dass jemand plötzlich mit etwas Neuem, Anderem erfolgreich wird. Ein funktionierender Stil wird schnell kopiert und gehypt, mal ist der eine, mal der andere Stimmsound plötzlich hip.

Man sollte sich als Sänger fragen, was einem wichtig ist: Auf einer Welle mitzuschwimmen und sich der Nachfrage anzupassen oder den eigenen Stil zu suchen, sich zu freuen, wenn sich dafür ein Publikum findet und sich letztlich mehr mit seiner Stimme verbunden zu fühlen.

4 R&B, kurz für (Contemporary) Rhythm and Blues: Seit den 1980er Jahren eine Mischung aus Pop, Soul und Hip-Hop

In der Popmusik – und damit auch im Popgesang – geht es eben immer wieder um das Aufbegehren gegen Spießertum und Langeweile, gegen Anpassung und Gleichmacherei!

Anything goes – die Vielfalt zwischen den Extremen

Als Popsänger kann man sich mit Freude auf einer riesigen musikalischen Spielwiese ausprobieren. Es gibt Rockbands, in denen Sängerinnen wie Operndiven klingen, und solche, in denen die Sänger wie am Spieß brüllen. Man kann seine Melodien fast bis zur Unkenntlichkeit verzieren oder sie so schlicht singen wie ein Kinderlied – anything goes!

Was die Sache spannend macht: Alle Gefühlsäußerungen sind möglich – Langeweile, Wut, Coolness, Dramatik, Freude, Trauer und so weiter. Das eröffnet ein nahezu unendliches stimmliches Ausdrucksspektrum von klar bis heiser, von Flüstern bis Schreien ... Es geht häufig nicht darum, durch reine, kunstvolle Klänge zu berühren, sondern durch die direktere Gefühlsäußerung. Es muss nicht unbedingt schön und virtuos sein, sondern vielleicht aggressiv, laut, ungehobelt, sexy, unterkühlt, weinerlich oder kindlich ... Nicht das Gekonnte und jahrelang Erlernte steht im Vordergrund, interessanter ist oft vielmehr, dass jeder Mitsingen kann, ungelernt und direkt, »wie ihm der Schnabel gewachsen ist«.

Ganz wichtig: Man muss als Sänger nicht unbedingt über sich hinauswachsen, sozusagen durch den Gesang oder die Kunst transzendieren. Befriedigender ist es, wenn man in der Lage ist, seine Person, mit all ihren Erfahrungen, Fehlern und Fähigkeiten, auszudrücken. Auf diese Weise werden die Ecken und Kanten, das Ungenormte in der Persönlichkeit des Sängers zum Stilmittel, das sich im Vortrag niederschlägt. Die Performance gewinnt eine Spannung, die den Hörer berühren und ihm eine Möglichkeit zur Identifizierung geben kann.

—

Auf dem Weg zum Popsänger geht es also nicht unbedingt nur um das Ausbügeln von Fehlern und Schwächen und das stetige Besserwerden. Vielmehr zählen vor allem das Ausloten und Annehmen der eigenen Ausdruckskraft – inklusive der stimmlichen Limitierungen, die bei jedem Sänger damit einhergehen!

—

Authentizität – was ist das überhaupt?

Jetzt könnte man im Umkehrschluss natürlich annehmen – und das wird auch gerne getan – dass Popmusik »authentisch« sein muss. Nur: Was bedeutet das? Nicht wenige meinen, dass Gesang authentisch ist, wenn man die Persönlichkeit des Sängers heraushören kann. Nächste Frage: Was ist denn Persönlichkeit? Oder: »Wer bin ich – und wenn ja wie viele?«[5] Eine Persönlichkeit ist kaum je eindimensional, sie verfügt über die unterschiedlichsten Facetten, und von denen können sich einige unter Umständen durchaus widersprechen. Ein Beispiel: Ich habe kürzlich den Leadsänger einer international erfolgreichen Metal-Band kennengelernt. In seinen Texten geht es zu wie in einem Gruselfilm, es wimmelt nur so von Todessymbolik, Gewalt und dunklen, mystischen Bildern, sein Gesang ist laut, rau, aggressiv. Der Mann selbst dagegen ist ausgesprochen freundlich, hat Frau und Kind und scheint alles in allem ein in jeglicher Beziehung lebensbejahender und friedliebender Mensch zu sein. Ist sein Gesang also aufgesetzt und folglich nicht authentisch? Absolut nicht – zur Begeisterung seiner Fans klingt er vollkommen »echt«. Michael Jackson war zeitlebens ein eher schüchterner Mensch, voller Ängste und Hemmungen. Sein Gesang indes klingt sehr vital und kraftvoll und ließ, wie auch seine expressive Bühnenperformance, einen anderen Menschen hinter der Stimme vermuten. Fakt ist: Man kann durch seinen Gesang die verschiedensten Eigenschaften der eigenen Person ausdrücken. Einerseits also mag ein energiegeladener, humorvoller Mensch als Sänger entsprechend auftreten und auf der Bühne den aufgedrehten Charmeur geben. Andererseits aber kann derselbe Künstler in seinem Gesang seine verborgenen, womöglich depressiven Seiten ausleben. Authentisch ist er in beiden Fällen. Denn wichtig ist, dass er tatsächlich empfundene Gefühle ausdrückt.

Auch die Herkunft ist kein Schlüssel zur Authentizität. Die international gefeierte Soulsängerin Joss Stone etwa ist nicht, wie man meinen könnte, irgendwo in den USA aufgewachsen. Auch hat sie nicht von Kindesbeinen an in einem Gospelchor gesungen. Vielmehr ist sie ein echtes englisches Landei, aufgewachsen in einem kleinen Dorf in der Grafschaft Devon. Ihr haben die frühe Liebe zur Soulmusik und ihr Riesentalent zu einer authentischen Soulstimme verholfen. Der in Osnabrück geborene und in Köln aufgewachsene Pastorensohn Tilmann Otto, besser bekannt unter seinem Künstlernamen Gentleman, macht Pop-Reggae, mit dem er nicht nur europaweit, sondern auch in Jamaika, dem Heimatland des

5 Titel eines Buchs von Richard David Precht (Goldmann Verlag, 2007)

Reggae, erfolgreich ist. Es gibt asiatische Sänger, die überzeugend feinsten amerikanischen Crooner-Jazz zum Besten geben, Punkrocker aus gepflegten Villenvierteln und feinsinnige Songpoeten aus dem wüstesten Arbeiterghetto.

Wenn wir das Authentizitäts-Klischee noch weiter unter die Lupe nehmen, stoßen wir auf den nächsten Irrglauben: Die äußerliche Erscheinung sollte in der Stimme wiederzufinden sein. Blödsinn! Betrachten wir den US-Sänger Aaron Neville: Physisch ist er ein eindrucksvolles Kraftpaket, muskelbepackt, breitschultrig und maskulin. Seine Stimme aber ist sehr hoch, häufig singt er im Falsett (der hohen Männerstimme, auch Kopfstimme genannt) und nutzt eine Jodeltechnik als Stilmittel. Sein Stimmausdruck und die Texte sind sehr emotional, alles in allem hat er einen überraschend weichen, gefühlvollen, fast femininen Gesangssound. Einer blonden, kleinen, stark geschminkten, amerikanischen Frau wie Christina Aguilera würde man eher eine hohe Mickymaus-Stimme zutrauen als die Powerröhre, die sie in Wirklichkeit hören lässt.

Und dann sind da noch die Sänger, die auf der Bühne in eine Rolle schlüpfen und ein Alter Ego darstellen. In den seltensten Fällen weiß der Hörer, ob und, wenn ja, wie sehr sich die reale Person von der gespielten Rolle unterscheidet. Mancher Sänger mag privat das glatte Gegenteil sein, andere wiederum finden in der Bühnenfigur ihre eigene Persönlichkeit wieder. Einige Bühnenrollen sind deutlich als Rolle zu erkennen, andere »tarnen« sich und lassen den Hörer glauben, er habe die »wahre«, die »authentische« Person vor sich. Wer zum Beispiel Marilyn Monroe hörte und sah, als sie *Happy Birthday, Mr. President* sang, der glaubte sicher, die Performance einer absolut erotischen Frau mitzuerleben. Ob Marilyn aber tatsächlich so viel Spaß, Interesse und Finesse an und beim Sex hatte, wie sie uns in ihrer Bühnenrolle vormachte, wissen nur wenige. Fakt ist: Als Vortragskünstlerin verfügte sie über das nötige Handwerkszeug, um den Anforderungen dieser Rolle zu genügen. Die Person hinter der Rolle jedoch bleibt bis heute rätselhaft und so wenig erkennbar wie auch die von Namensvetter Marilyn Manson. Ihn kennt man als dämonischen Gruselrocker – wer könnte sich ihn daheim beim Staubsaugen oder Ausfüllen seiner Steuererklärung vorstellen? Viele erfolgreiche Rock-Rebellen, die als authentische Underdogs gefeiert werden, leben in der Realität ein High-Society-Leben, das so gar nichts Rebellisches hat. Im Übrigen: Wer als Sänger seine Persönlichkeit auf bestimmte Facetten reduziert und uns so nur einen Teil seiner selbst zeigt, spielt in gewisser Weise ebenfalls eine Rolle. Also, Klischee – ade! Trotzdem nennen wir Sänger »authentisch«, wenn wir das, was sie singen als echt, glaubwürdig, irgendwie richtig und passend empfinden. Es geht vielleicht eher darum, dass sie das, was sie da tun, warum auch immer, können. Was eine Stimme so hergibt, ist wohl eine Mischung aus angeborenem Talent, physischen Voraussetzungen, Persönlichkeit, Prägung durch stimmliche Vorbilder wie zum Beispiel die Eltern und nicht zuletzt Übung beziehungsweise erlernten Fähigkeiten. Scheinbar hat ebenso die Musik Einfluss, die man als Kind oder Teenager gehört und imitiert hat. Auch Whitney Houston ist ja nicht als Soulsängerin auf die Welt gekommen, sie musste erst von klein auf Soul- und Gospelmusik hören, ihre Techniken erlernen und dabei die »Großen« imitieren, bevor sie zu der Künstlerin werden konnte, als die sie die Welt eroberte. Das Beispiel von Joss Stone zeigt, dass es dabei auch genügen kann, diese Musik im Radio oder von CD/Schallplatte zu hören, um ein »Feeling« zu entwickeln.

> Als Sänger sollte man herausfinden, welche Qualitäten man stimmlich mitbringt, also welche angeborenen und erlernten Fähigkeiten man in die Waagschale werfen kann.

So selbstverständlich dies klingt, so wenig lässt sich die Tatsache leugnen, dass viele Gesangsschüler einem stimmlichen Ideal hinterherjagen, das sie nicht erfüllen können. Nicht selten stehen Schüler vor mir, die unbedingt klingen wollen wie ein bestimmtes Idol oder von Song zu Song immer genau wie jener Interpret, der das entsprechende Stück im Original gesungen hat. Solche Motive können ein Ansporn sein und dem Schüler dazu verhelfen, neue Möglichkeiten aus der Stimme zu holen. Meistens aber wird man sein Vorbild nicht erreichen. Und grundsätzlich gilt: Wer nur nachahmt, wird kaum die ganz persönlichen Qualitäten finden, die eine Stimme »authentisch« machen!

Ohne diese eigenen Qualitäten sind auch der Imitation Grenzen gesetzt: Wer powern möchte wie Beth Ditto von Gossip, sollte in seinem emotionalen Haushalt die Fähigkeit finden, richtig nach vorne »abzugehen«. Wer eine sehr klare, hohe Stimme mitbringt, wird wohl nie ein zweiter James Hetfield (Metallica) werden. Oft genug stammt die unrealistische Idee, wie X oder Y zu klingen auch von außen, von den Bandmitgliedern, der Plattenfirma oder irgendwelchen Freunden und Bekannten.

Für die Authentizität der Stimme sind vor allem die Gefühle und Motive wichtig, die das Singen antreiben. Man kann einen Rocksong nur dann herausschreien, wenn man die Kraft und die Leidenschaft dafür in sich aktiviert. Es ist wie bei einem guten Schauspieler: Für die Wut braucht man keinen aktuellen Anlass im realen Leben. Es gibt ja keinen wirklichen Grund sauer zu sein, wenn man einen schönen Tag hatte und nun mit ein paar Freunden bei einem Bierchen jammt (engl. *to jam*: Musik machen, improvisieren). Trotzdem kann man Energie und Power aus sich herausholen wie eben der Schauspieler, der jeden Abend auf der Bühne glaubhaft einen Bösewicht geben muss. Ein weiteres Beispiel: Wer an einem Konzertabend viele Songs mit den verschiedensten emotionalen Facetten singt, der erlebt nicht wie ein Wahnsinniger die volle Bandbreite der darzustellenden Gefühle, stattdessen wird er die für jedes Lied notwendige emotionale Disposition aktivieren: Er fühlt sich ein! Vehikel dafür können Bilder, Erinnerungen, Gesten usw. sein.

Es macht eben einen gravierenden Unterschied, ob man beim Singen denkt: »Ich will jetzt wütend/traurig/freundlich/... klingen« und versucht, seine Stimme entsprechend kratzig und laut/schluchzend/weich/... klingen zu lassen, oder ob es einem gelingt, die Emotionen, die man ausdrücken möchte, aus sich selbst zu schöpfen und sie so für die Performance und den Gesang zu aktivieren.

Ich bin überzeugt davon, dass dies einen ganz entscheidenden Beitrag dazu leistet, eine Stimme »authentisch« klingen zu lassen.

Dein Weg

Die Pole im Popgesang – deine Standortbestimmung

Wenn du dich auf den Weg machst zu einem stärkeren Ausdruck, größerer Individualität und mehr Erfüllung beim Singen, ist es wichtig, erst einmal herauszufinden, wo du stehst. Was macht deine Stimme aus? Welche Persönlichkeitsmerkmale bestimmen deinen Gesang? Was für ein Performancetyp bist du? Welche Intention hat deine Musik? Wo sind deine Stärken und Schwächen und wie schätzen dich andere ein?

Um dir dabei eine Orientierungshilfe zu geben, werde ich verschiedene Aspekte des Popgesangs mit Hilfe von Gegensatzpaaren eingehender beleuchten. Die Benennung dieser Spannungspunkte, zwischen denen sich das Popgesangsuniversum aufspannt, soll ein wenig Ordnung in die nahezu unendlichen gesanglichen und stilistischen Möglichkeiten bringen. Der an jedes Kapitel anschließende Übungsteil bietet eine Menge Fragestellungen, mit deren Hilfe du deinen jetzigen Standort besser erkennen und Ziele und Wünsche für die Zukunft formulieren kannst.

Stimmsound

Viele Popgesangsbücher setzen bei der Stimmtechnik an. Einige versuchen, die Herangehensweisen für möglichst viele verschiedene Stimmsounds zu vermitteln. Andere setzen voraus, dass eine Popstimme ganz bestimmte Fähigkeiten, z.B. Kraft und Lautstärke, eine gute Intonation, einen großen Stimmumfang und ein Vibrato haben muss und geben dafür die entsprechenden Gesangsübungen. Bleibt man beim Prinzip »Anything goes«, dann ist aber keine dieser Fähigkeiten zwingende Voraussetzung für den Popgesang. Dennoch gibt es im stimmlichen Bereich Tendenzen, die ich versuchen werde herauszuarbeiten.

Ab und zu ziehe ich Vergleiche zum klassischen Gesang bzw. zum Gesang in der E-Musik als der in unserer Kultur zweiten großen Musikrichtung neben der Popularmusik. Hiermit meine ich vor allem den Gesangsstil, der im 18. und 19. Jahrhundert geprägt wurde und den man

z. B. aus Opern von Mozart, Verdi und Wagner oder aus Liedern von Schumann und Brahms kennt. Anfang des 20. Jahrhunderts hat sich der Gesang in der E-Musik aber nach und nach von allen vorher gängigen ästhetischen Idealen und Techniken befreit. In der sogenannten »Neuen Musik« kann man jegliche Form der Stimmnutzung finden.

laut – leise

Es gibt Sänger, die immer nur laut und andere, die nur leise singen. Die Schwedin Stina Nordenstam ist eine Sängerin, die extrem leise und hauchig klingt. Ein sehr leiser Sänger war z. B. auch Nick Drake. Solche Stimmen sind auf gute Verstärkung angewiesen, um nicht unterzugehen und haben öfter mit dem Problem zu tun, dass »leise« manchmal gleich gesetzt wird mit »ungekonnt« oder »langweilig«. Leises Singen kann auch tatsächlich schüchtern, schlapp, blockiert, ängstlich, uninteressant ... wirken. Eine leise Stimme kann aber auch intensiv, eindringlich, zärtlich, gefährlich, eigenartig, träumerisch, entspannt ... klingen. Dazwischen liegt ein sehr feiner, aber doch unglaublich wichtiger Unterschied. Wie wir eine Stimme wahrnehmen, ist einerseits sicherlich Geschmackssache, es gibt aber auch in jedem Menschen sehr sensible Decodierungsfähigkeiten für den Ausdruck und Nuancen in der Stimme. Deshalb kann ein Sänger leise singen und zieht uns in seinen Bann und vermittelt jede Menge Emotionen, ein anderer wirkt einfach nur uninteressant. Leiser Gesang braucht die Chance, wirklich gut gehört zu werden, während laute Stimmen sich im Proberaum oder auf Bühnen mit schlechter Gesangsanlage oft einfach besser durchsetzen. Wer eine gute Stimme unter Beweis stellen möchte, läuft schnell Gefahr, das über eine hohe Lautstärke zu versuchen.

In der Rock- und Soulmusik findet man aber auch viele Shouter (engl. *to shout*: rufen), die kaum leise Töne von sich geben. In diesem Zusammenhang ist das Phänomen interessant, dass manche Sänger zwar so klingen, als würden sie permanent schreien, aber dennoch gar keinen besonders hohen Lautstärkepegel bringen. Viel Druck und Anstrengung löst dann beim Zuhörer das subjektive Gefühl aus, dass jemand laut schreit. Eine laute Stimme kann kraftvoll, mutig, rockig, positiv, bedrohlich ... klingen, aber auch ungekonnt, grob, nervig, angestrengt, bemüht ...

Lautes Singen birgt die größere Gefahr, sich »abzusingen« und der Stimme zu schaden, als leises Singen, vor allem dann, wenn es nicht durch den Ausdruck motiviert ist, sondern dadurch, sich gegen Instrumente oder eine schlechte Anlage durchsetzen zu müssen. Aber auch leise Sänger können ihre Stimme durch Singen mit einer zu geringen Spannung, z. B. bei zu wenig emotionaler Beteiligung, strapazieren.

Ob jemand laut oder leise singt, hat, neben dem emotionalen Ausdruck, auch mit dem Musikstil zu tun. Lounge-Pop wird wahrscheinlich tendenziell eher leise, Heavy Metal eher laut gesungen. Als besonders gekonnt wird meistens eine Stimme wahrgenommen, die über eine große Dynamikbreite verfügt und diese auch in verschiedenen Tonhöhen abrufen kann, wie z.B. bei einer Sängerin wie Barbra Streisand zu hören. Eine Besonderheit des Popgesangs gegenüber dem klassischen Gesang ist, dass er meistens verstärkt wird. Schon allein dadurch konnten sich Stimmen mit viel geringerem Pegel durchsetzen. Während ein Opernsänger ohne Verstärkung ein Theater ausfüllen und über ein komplettes Orchester hinweg zu hören sein muss, kann in der Popmusik mit Hilfe der Technik sogar noch ein Flüstern über einem E-Gitarren-Inferno hörbar gemacht werden. Bei Livekonzerten haben es die Kollegen am Mischpult manchmal natürlich schwer, wenn eine Band sehr laut spielt und vom Sänger wenig Lautstärkepegel kommt, aber im Studio ist eigentlich alles möglich. Um unverstärkt wirklich laut und tragfähig singen zu können, muss man auf andere Resonanzräume im Körper zurückgreifen, die dann aber auch den Klang der Stimme verändern. Auch deshalb haben klassische Sänger meistens einen ganz anderen Stimmsound als Popsänger.

hoch – tief

Die Stimmlage ist zum Teil abhängig vom Stimmmaterial, das durch die Anatomie, aber auch durch Hormone, das Alter und die gesundheitliche Disposition vorgegeben ist. Es gibt tiefere und höhere Stimmen, in der Klassik findet sich hierfür die Einteilung in Bass, Bariton und Tenor bei den Männerstimmen und Alt, Mezzosopran und Sopran bei den Frauenstimmen. Barry White oder Johnny Cash singen eher tief, Sting oder Robert Plant (Sänger der Band Led Zeppelin) eher hoch. Sängerinnen mit tiefen Stimmen sind z.B. Marla Glen oder Toni Braxton, mit hohen Aretha Franklin oder Minnie Riperton. Einige Sänger fühlen sich aber auch in unterschiedlichen Lagen wohl, so kann es sein, dass ein eher bassiger Sänger trotzdem gerne hoch shoutet oder eine leichte, hohe Frauenstimme sich gerne in tieferen Lagen tummelt. Auch der Stil entscheidet mit über die Tonhöhe. Viele Rockstile z.B. erfordern gerade von Männerstimmen oft sehr hohe Töne.

Tonhöhe in der Popmusik ist häufig auch stark an die Emotionalität gekoppelt, so können tiefe Stimmen cool, entspannt, maskulin, sexy, düster … klingen, hohe Stimmen leidenschaftlich, kraftvoll, wütend, euphorisch, fröhlich …

In der Stimmarbeit wird meistens versucht, den Stimmumfang zu vergrößern. Speziell bei der Popmusik geht es oft darum, ihn möglichst kraftvoll nach oben auszubauen, weil das in vielen Stilrichtungen gefragt ist. Sänger mit sehr großem Stimmumfang sind z. B. Mariah Carey oder Prince. Es gibt aber auch viele Popsänger, die ausschließlich in ihrem eher beschränkten Lieblingstonumfang singen. In diesem Zusammenhang ist die Frage interessant, inwieweit man einen Song transponieren sollte, also die Tonhöhe des gesamten Songs nach oben oder unten verschieben. Damit ein Song für einen Sänger überhaupt singbar ist, kann man ihn transponieren, man sollte dabei allerdings bedenken, dass sich Ausdruck und eventuell sogar Stil durch die Transposition verändern können. Ist ein Rocksong z. B. sehr hoch angelegt, wird er vielleicht bequemer, aber auch weniger rockig und emotional, wenn man ihn nach unten transponiert.

Auch hier etwas zum Thema Klassik vs. Pop: Tendenziell unterscheidet sich klassische Gesangsliteratur vor allem bei den Frauenstimmen in der Lage von der Popmusik. Viele Songs in der Popmusik entsprechen in der Tonhöhe ungefähr der Altlage, also von g bis e^2. Das ist nur ein Näherungswert, es gibt auch Frauenpopsongs, die bis zum kleinen d (z. B. *Un-Break My Heart* von Toni Braxton) oder noch tiefer hinuntergehen. Das Limit nach oben wird am Ende des menschlichen Stimmumfangs z. B. von Mariah Carey erreicht, die mit dem Pfeifregister[6] bis zur viergestrichenen Oktave singt. Das sind aber Ausnahmen. Stimmhöhen zwischen e^2 und a^2 oder auch höher, die für eine klassische Sopranistin normal sind, kommen in der Popmusik eher selten vor. Dafür gibt es bei den Männersongs im Pop sehr wenige, die in echte Basslagen unterhalb des großen F kommen. Ein Beispiel ist der Song *Wand'rin' Star*, gesungen von Lee Marvin, dessen tiefster Ton das Kontra-B ist. Popsänger bewegen sich meistens in Bariton- oder Tenorlage, einige auch in sehr hohen Tenor- bis Countertenorlagen[7]. Ein Beispiel ist der Sänger Philip Bailey von der Band Earth, Wind & Fire.

Dadurch, dass Frauen in der Popmusik tendenziell eher in der Altlage, Männer eher in der Bariton/Tenorlage singen, bewegen sich die Stimmlagen aufeinander zu, so dass Frauen häufig Männersong eins zu eins in derselben Tonhöhe singen können und umgekehrt. Hier gilt aber etwas ähnliches, wie schon beim transponieren: Zwar können Frauen Männersongs bzw. Männer Frauensongs ohne zu transponieren singen, aber das Feeling und der Ausdruck verändern sich dadurch meistens.

---

6 höchstes Register der menschlichen Stimme, das benutzt wird, um Töne ab etwa e^3 zu singen
7 Ein Countertenor ist ein männlicher Sänger, der in Alt- bis Sopranlage singt.

hell – dunkel

Hoch oder tief bzw. hell oder dunkel, kann eine Stimme aber nicht nur bezüglich der Tonhöhe, sondern auch bezüglich des Stimmklanges sein. Dieses Kriterium drückt vielleicht noch mehr als die reale Tonhöhe auch Persönlichkeitsanteile des Sängers aus. Hell klingende Frauenstimmen wie die von Britney Spears oder Annett Louisan klingen naiv-mädchenhaft, passend zum Rollenklischee. Die Sängerin Pink klingt tiefer, rockiger, cooler, obwohl sie höher singen kann. Queen-Sänger Freddie Mercury hat zwar in tenoralen Höhen gesungen, aber der Stimmklang konnte sehr tief und offen sein. Michael Jacksons Stimme klang immer sehr jung, hell und manchmal feminin, passend zu seinem äußeren Erscheinungsbild und auch Image. Auf jeden Fall ist die Helligkeit des Stimmklangs ein wichtiger Parameter für die Unverwechselbarkeit einer Stimme.

Am Stimmklang wird im Gesangsunterricht viel gebastelt. Einige wollen voluminösere Stimmen, die ein größeres Obertonspektrum[8] und mehr Tragfähigkeit haben, die mitunter am Ende recht klassisch klingen. Andere üben am »Twang«[9] oder ähnlichen eher popmusikorientierten Gesangskonzepten. Wichtig finde ich, dass eine Stimme im Endeffekt nicht ungewollt verstellt klingt. Ich habe schon einige Schüler gehabt, die, weil sie irgendwo gelernt haben, dass das so sein muss, ihrer Stimme beim Singen einen merkwürdig näselnden Klang gegeben oder einen Popsong mit einem knödeligen Pseudo-Klassikklang gesungen haben. Da heißt es, die Ohren aufstellen und weit verbreitete Glaubenssätze wie »Eine Stimme muss weit und offen klingen« oder »Eine Popstimme muss einen Twang haben« hinterfragen, wenn das Ergebnis albern, nervig oder gekünstelt klingt.

Kopfstimme – Bruststimme

Ein weites Feld ... Lässt man mehrere Stimmpädagogen über dieses Thema diskutieren, hat man schnell genauso viele verschiedene Ansichten über die Stimmregister, wie Mitdiskutierende. Was sind Bruststimme und Kopfstimme überhaupt und wodurch unterscheiden sie sich? Gibt es noch eine Mittelstimme dazwischen? Was ist der Unterschied zwischen Falsett und Kopfstimme? Und zwischen Männer- und Frauenstimmen?

---

8 Obertöne sind Teiltöne, die mit einem Vielfachen des Grundtones schwingen. Die Zusammensetzung der Obertöne, also das Obertonspektrum, macht das Charakteristische am Klang einer Stimme (oder eines Instrumentes) aus.

9 engl. *to twang*: näseln; Ausdruck aus der Gesangstechnik; mit dem Twang versucht man der Stimme eine größere Direktheit, Durchsetzungskraft und Helligkeit zu verleihen.

Ich versuche, mich dem Phänomen über Beispiele zu nähern: Männer, die in Kopfstimme (oder auch Falsett) singen, sind Prince mit seinem Hit *Kiss* oder Jimmy Somerville, der Sänger der Band Bronski Beat, z.B. in dem Song *Smalltown Boy*. Mit einem stark hörbaren Wechsel der Register, also einer Art Jodeln, singt z.B. Aaron Neville, genauso wie die Sänger der Bands Muse und Coldplay. Ein Beispiel für einen kaum hörbaren Registerübergang ist der Gesang von Jason Mraz im Song *Mr. Curiosity*.

Eine Sängerin, die häufig in der Kopfstimme singt, ist Tori Amos, auch Kate Bush nutzt oft die Kopfstimme, zu hören nicht nur in ihrem Hit *Wuthering Heights*. Mariah Carey spielt z.B. in dem Song *Through the Rain* sehr virtuos mit dem Wechsel zwischen Kopf- und Bruststimme. Genauso Whitney Houston im berühmten *I Will Always Love You*: Hier ist sowohl der deutliche bruchartige Wechsel zwischen den Registern, als auch ein sanfter Übergang zu hören. Die erste Strophe und der erste Refrain werden von ihr in Kopfstimme gesungen, ab der zweiten Strophe hört man überwiegend Bruststimme, obwohl sich die Melodie nicht verändert hat, der Umfang also gleich bleibt, im letzten Refrain wechselt die Stimme von kräftiger Bruststimme nur für Verzierungen auf höheren Tönen beim Wort »you« hörbar in die Kopfstimme.

Aber: Tendenziell singen die meisten Popsänger sehr viel in Bruststimme oder einer Mischstimme mit Brust- und Kopfstimmenanteil. Die Kopfstimme wird häufig nur in »Ausflügen« genutzt, als zusätzliche Farbe oder für »Kiekser« und »Schluchzer«. Es gibt sogar viele Sänger, die nie die Kopfstimme nutzen, vor allem bei den Männern. Auch hohe Lagen werden oft mit Bruststimme gesungen, diese Stimmtechnik wird in vielen Gesangsschulen »Belting« genannt (engl. *to belt*: schmettern). Es gibt sehr viele Arten, die Bruststimme nach oben zu »ziehen«, von scheinbar unangestrengt bis hochgepresst, von eng bis offen, von soft bis superlaut. Interessant ist es, die hohen Bruststimmentöne von Eva Cassidy, Chaka Khan, Pink, Aretha Franklin, Barbra Streisand und Doro Pesch miteinander zu vergleichen. Oder von Stevie Wonder, Freddie Mercury, Steven Tyler, Sting und Ray Charles. Oft werden die hohen Bruststimmenparts von den Sängern genutzt, um ihren Stil besonders zu unterstreichen: rockig und rau, groß und gekonnt, soulig und energievoll ... Weil die hohe Bruststimme in der Popmusik eine große Rolle spielt, gibt es hierzu auch besonders viel in Gesangstechnikbüchern zu lesen und zu lernen.

Gerade der Umgang mit den Registern ist meistens anders als in der Klassik, wo es ein hohes Ziel ist, die Register möglichst unhörbar ineinander übergehen zu lassen. Das findet man auch im Popbereich, aber hier wird oft auch der Bruch zwischen den Registern als Sound genutzt. Vor allem Frauenstimmen singen in der Klassik überwiegend in der Kopf- oder Mischstimme, im Pop überwiegend in der Brust- oder Mischstimme. Das passt auch zur Tonlage, die sich bei der Popmusik, wie oben schon gesagt, eher in der Alt-Lage abspielt. Männerstimmen haben in dem Bereich nicht so einen deutlichen Unterschied, sie singen in beiden Musikrichtungen überwiegend in der Brust- oder einer Mischstimme.

geräuschhaft – rein

Neben ganz reinen Stimmklängen ohne geräuschhafte Anteile kann man in der Popmusik jede Menge »Störgeräusche« auf Stimmen hören: Luftigkeit, Kratzigkeit, Knarzen, Growlen (knurrige Geräuschanteile; engl. *to growl*: knurren)[10] ... Die geräuschhaften Anteile sind für den emotionalen Ausdruck der Stimme wichtig: Die Stimme klingt dann rotzig, sexy, unangepasst, verletzt ... Viele assoziieren damit ein wildes Leben, unter Umständen mit durchzechten Nächten und unzähligen Zigaretten. Ein bekannter Sänger mit einer ziemlich kaputt klingenden Stimme ist Tom Waits.

Außerdem wird eine Stimme im direkten Gefühlsausdruck oft geräuschhaft, bei Wutausbrüchen, bei Verzweiflung, Lachen, Erregung usw. Diese direkte Emotionalität ist im Popgesang sehr gefragt. Im Gegensatz zum klassischen Gesang, bei dem die Reinheit ein ästhetisches Ideal ist, gehören Stimmgeräusche im Pop zum guten Ton. Eine geräuschlose Stimme mit gutem Stimmschluss wird unter Umständen als langweilig, angepasst, brav oder zu geschult empfunden.

Die geräuschhaften Anteile können von Sängern mit eigentlich gesunden Stimmen in den Gesang hereingemischt werden, sind manchmal aber auch ein fester Bestandteil der Singstimme eines Popsängers, das heißt er könnte gar nicht anders singen, selbst wenn er wollte, oder nur dann, wenn er eine andere Gesangs- und Atemtechnik erlernen würde. Bei diesen Sängern würde man eine Stimmstörung diagnostizieren.[11] Hier setzt auch ein typischer Streit zwischen Popmusikern und Gesangslehrern/Logopäden/Phoniatern an: Für die Popsänger ist ihr persönlicher Sound untrennbar von ihrer Person und essenziell wichtig für ihren Aus-

---

10 Auf die verschiedenen Arten und Techniken, mit denen diese Töne erzeugt werden, geht z. B. das Buch »Komplette Gesangstechnik« von Catherine Sadolin sehr umfassend ein (Shout Publications, 2010); interessant zu diesem Thema ist auch die Lern-DVD »The Zen of Screaming« von Vocalcoach Melissa Cross (Alfred Music Publishing).

11 Siehe dazu bspw. Wolfram Seidner: ABC des Singens (Henschel Verlag, 2010; S. 130ff.) sowie Wolfram Seidner, Jürgen Wendler: Die Sängerstimme. Phoniatrische Grundlagen des Gesangs (Henschel Verlag, 2010; S. 228ff.)

druck und ihr Image. Die Stimmlehrer und -ärzte wiederum wollen natürlich die Stimme retten bzw. schützen. Zu diesem Thema gibt es dann auch sehr viele Glaubenssätze, die weitergetragen werden und in den Köpfen der Sänger herumschwirren: »Popgesang macht die Stimme kaputt«, »man darf so nicht singen, weil das vollkommen unsängerisch/schlecht ist« ... Und tatsächlich bewegen sich Sänger, die kratzig, hauchig, heiser etc. singen, auf einem Terrain, wo sie sehr auf ihre Stimme aufpassen müssen. Dauerhafte Stimmprobleme drohen und können eine Karriere verhindern oder zerstören und/oder den Spaß am Singen vermiesen. Das gilt es zu beobachten und unter Umständen auch die Hilfe von Experten in Anspruch zu nehmen (siehe auch den Abschnitt zum Thema Stimmgesundheit, S. 138f.). Es gibt aber durchaus viele Popsänger, die ihre Stimme nicht kaputt machen, obwohl sie geräuschhaft singen oder solche, die mit oder trotz Stimmstörung dauerhaft weiter singen können. Der sehr kratzig singende Joe Cocker z. B. hatte schon 1968 mit dem Beatles-Cover *With a Little Help From My Friends* einen großen Hit, sein Auftritt beim Woodstock-Festival 1969 ist legendär. 68-jährig hat er 2012 sein 22. Studioalbum veröffentlicht und klingt gut – und »dreckig« – wie eh und je.

Wer ernsthafte Stimmprobleme hat, kommt aber wahrscheinlich nicht darum herum, entweder zu lernen, wie er seinen individuellen Sound auf eine stimmschonendere Art hinbekommt oder sich darauf einzulassen, seinen Klang zu verändern.

gerade – schief

Die Intonation, also die Genauigkeit der Tonhöhe, ist beim Gesang ein wichtiges Thema. In der Klassik ist »saubere« Intonation ein absolutes Qualitätsmerkmal. Meistens wird auch im Popgesang eine gute Intonation als wichtiges Kriterium für eine gute Stimme empfunden. Im Studio sind deshalb digitale Tools (engl. *tool*: Werkzeug) gebräuchlich, die eine aufgenommene Stimme auf den richtigen Ton bringen. So werden einzelne Stellen, die schlecht intoniert sind, ausgebessert oder ganze Passagen in der Tonhöhe an eine vorher festgelegte Tonleiter angepasst. Hier muss man natürlich aufpassen, dass das Ganze noch den »human touch« behält, also nicht unecht wirkt, es sei denn, der künstliche Sound ist gewünscht, wie z. B. zu hören in *Believe* von Cher. Das ist einer der ersten Popsongs, die das künstlich klingende »Tunen« (engl. *to tune*: stimmen) der Stimme zu einem Stilmittel erhoben haben. Sogar live sind Tuning-Tools im Einsatz, die in Echtzeit die Intonation beeinflussen. Heute wird außerdem fast alles, was zwar auf der Bühne gesungen, aber dann in aufgezeichneter Form verbreitet wird, wie Konzertmitschnitte oder ähnliches, nachträglich auf Intonation geprüft und bearbeitet.

Dennoch ist manchmal die nicht perfekte Intonation Stilmittel und Vehikel für einen bestimmten Ausdruck. Wie klänge es zum Beispiel, wenn man einen Sänger wie Mick Jagger künstlich »nachstimmen« würde? Gerade die ungenaue, rotzig daher gerufene, ungeschulte Stimme steht für Rock 'n' Roll. Auch für einen Sänger wie Robert Smith von The Cure ist die merkwürdige Intonation ein Markenzeichen, genauso wie für den Sänger von The Killers, Brandon Flowers.

Zieher, Schluchzer, Blue Notes, Wackeliges und schiefe Töne gehören zum stilistischen Repertoire der Popmusik genauso dazu wie perfekte Intonation bis in die kleinsten Verzierungen, wie z.B. bei Beyoncé oder Roger Cicero zu hören.

Die Nähe zum Rufen und Sprechen kann eine Ungenauigkeit in der Intonation bringen, Beispiele hierfür sind Bob Dylan oder Hildegard Knef. Eine zu große Konzentration auf die Intonation nimmt Stimmen im schlechten Fall den eigenen Touch und die Wiedererkennbarkeit, außerdem wird in einigen Musikrichtungen mit einer perfekten Intonation – ähnlich wie mit einer reinen Stimme – Langeweile, Angepasstheit, Verschultheit u.ä. assoziiert.

Vibrato – kein Vibrato

Langsam wird das Prinzip klar: Auch zum Phänomen »Vibrato«[12] kann man in der Popmusik alles finden – vom ganz geraden, vibratolosen Ton über leichtes Vibrato ab und zu bis hin zu sehr viel Vibrato auf jedem Ton. Die Sänger, die im Popgesang mit makellosen Gesangsfähigkeiten punkten, wie George Michael oder Céline Dion, haben meistens ein gleichmäßiges Vibrato auf längeren Tönen, vor allem am Ende einer Phrase; kurze, prägnante Töne sind dagegen häufig eher gerade. Oft wird ein längerer Ton erst gerade gesungen, bis nach und nach das Vibrato dazu kommt, gut zu hören bei der schon genannten weltberühmten Liebesballade *I Will Always Love You* (Whitney Houston). Viele Sänger bringen bei längeren Tönen oder zum Tonabschluss nur ein leichtes Vibrato ein, wie z.B. Dido oder Sting. Ein auffälligeres Tonabschluss-Vibrato kann man bei Duffy in ihrem Song *Well Well Well* hören. David Bowie, Florence Welch von der Band Florence + the Machine oder auch

---

12 Vibrato: die rhythmische Schwankung der Tonhöhe und Lautstärke mit 5 bis 7 Schwingungen pro Sekunde (Hz)

Elvis Presley singen einige Töne mit einem sehr starken Vibrato, Sängerinnen wie Dolly Parton oder Leona Lewis haben auf fast jedem Ton eines. Ein wobbeliges, also ein langsames, aber starkes Vibrato kann man ab und zu bei Bette Middler oder Liza Minelli hören. Ein tremoloartiges, also sehr schnelles Vibrato hat z. B. Bryan Ferry. Typisches Rocker-Vibrato kann man beim Guns N' Roses-Sänger Axl Rose oder auf Shout-Tönen bei Aerosmith-Sänger Steven Tyler hören.

Ganz gerade heraus – und damit eher im Punkrock zu Hause – singt Benjamin Kowalewicz von der Band Billy Talent. Auch der deutsche Singer/Songwriter Clueso kommt ohne Vibrato aus, genauso wie der Weltstar Björk.

Die Menge und Art des Vibratos gehören also zum ganz individuellen Stimmsound des Popsängers, weshalb ich noch seitenweise mehr Beispiele zusammentragen könnte. Der kleine Überblick soll hier eine Ahnung von der Vielfalt vermitteln. Mit sehr individuellen Fähigkeiten bezüglich des Vibratos kommen auch Schüler in den Unterricht. Viele haben ganz selbstverständlich, ohne zu üben, ein Stimmvibrato, einige ein sehr starkes und auf so gut wie jedem Ton, andere wiederum gar keines. Ein Vibrato zu bekommen und abrufbar in den Gesang zu integrieren, gehört meiner Erfahrung nach mit zu den am schwersten zu lernenden Stimmfähigkeiten, zumindest im Popgesang. Es ist deutlich einfacher, ein starkes Vibrato zu bremsen als umgekehrt.

Wenig oder kein Vibrato kann zum einen als ungekonnt, schlaff, stumpf, unsauber ... wahrgenommen werden, aber auch als direkt, ungekünstelt, ungeschult, rotzig, ehrlich ... Vibrato kann auf der anderen Seite als gekonnt, angenehm, sängerisch, lebendig ... erlebt werden, genauso aber auch als gekünstelt, verschult, übertrieben, störend, kitschig ... Bei den Sängern ohne Vibrato liegt die Herausforderung häufig darin, den Ton ohne Vibrato gut zu intonieren und einen passenden Stimmabsatz zu finden. Die Sänger mit Vibrato versuchen manchmal, mit Hilfe des Vibrato Unsicherheiten »wegzumogeln«. Abgesehen davon wird zu viel Vibrato in manchen Stilen als unpassend empfunden.

Hier gibt es wieder einen deutlichen Unterscheid zur Klassik: Eine Opernarie wird mit einem durchgehenden gleichmäßigen Vibrato gesungen, ein Popsong sehr selten und wenn, dann meistens von Künstlern, die sich auf dem Grenzgebiet zwischen Klassik und Pop bewegen.

viele Stimmsounds – ein einziger Stimmsound

Viele Sänger in der Popmusik kultivieren eine Grundstimmeinstellung, die ihnen einen sofort wiedererkennbaren individuellen Stimmklang gibt.

Hierbei wirken zwei Komponenten zusammen: zum einen die körperlichen Voraussetzungen, die eine Stimme ausmachen, also die Größe des Kehlkopfes, die Form des Vokaltraktes usw., zum anderen die Art, wie dieses »Grundmaterial« genutzt wird, also Stimmbandschluss, Stellung des Kehlkopfes, Artikulation usw. Wie stark sich Letzteres auf den Stimmklang auswirken kann, führen gute Stimmimitatoren vor, die allein durch die Art, wie sie ihre Stimme einsetzen, ganz verschiedene Stimmklänge erzeugen können.

Sänger mit einem durchgehend sehr ähnlichen Stimmklang sind z.B. Rihanna, Nina Persson von The Cardigans, Bryan Adams oder Adam Levine von Maroon 5, um ein paar wenige aus der großen Masse zu nennen.

Daneben gibt es aber auch Sänger, die ganz stark mit Stimmklängen spielen. Eine extreme Interpretin ist hier sicherlich Nina Hagen, die jede Menge Stimmsounds anbietet, zu hören z.B. in ihrem Song *African Reggae*. Die Sängerin Shakira changiert zwischen einem dunklen, kehligen Klang und einer hell und naiv klingenden Stimme. Prince ist ein Sänger, der mit vielen Stimmklängen experimentiert, viele Sounds kann man auch bei dem Sänger Mika u.a. in seinem Hit *Grace Kelly* hören.

Auch hierin unterscheidet sich die Popmusik wieder stark von der Klassik, wo Stimmklänge sich aus der Rollenanforderung ergeben oder auch daraus, welches Stimmfach man bedient und aus welcher Epoche das Stück stammt. Zwar hat jeder eine wiedererkennbare Stimme, aber das ist nicht das ausgesprochene Ziel bei der klassischen Stimmarbeit. Im Kunstgesang steht die Stimme im Dienst des Werkes und muss bestimmte ästhetische und stimmliche Anforderungen erfüllen. Auffällige Eigenheiten sind nicht erwünscht und selbst eine so herausragende Künstlerin wie Maria Callas wurde von Kritikern wegen ihrer sehr individuellen stimmlichen Eigenheiten angegriffen.

Bei der Stimmentwicklung und der technischen Stimmarbeit sollte man in der Popmusik darauf achten, dass ein eigenartiger, eventuell auch merkwürdiger Stimmklang ein Markenzeichen sein kann.

Konsonanten – Vokale

Konsonanten sind die perkussiven Anteile der Sprache, diese werden in der Popmusik häufig genutzt, um den Gesang besonders rhythmisch zu gestalten. Ein eindrückliches Beispiel ist die Art, wie Michael Jackson in dem Song *Man In the Mirror* Konsonanten, Atmer und Kiekser einsetzt, um einer Ballade, die ja eigentlich normalerweise eher melodiebetont ist, einen rhythmischen »Drive« zu geben. Bei allen möglichen Popgenres, die energiegeladene Musik machen, wie Rock oder Funk, ist die Konsonantenbetonung groß, denn sie bringt neben einem starken Rhythmus Power und Spannung. Wer besonders lässig und cool klingen möchte, wie zum Beispiel Lana del Rey oder Nena, der artikuliert Konsonanten eher schwächer.

Vokale tragen den Ton und die Melodie, außerdem werden längere Töne und Verzierungen auf Vokalen gesungen, zu hören zum Beispiel im von Adele gesungenen Song *Skyfall* oder *Halo* von Beyoncé. *Respect* von Aretha Franklin hingegen ist ein Beispiel für ein souliges Up-Tempo-Stück, das trotzdem sehr vokalastig ist.

Gerade bei diesem Thema wird die Verwandtschaft zwischen dem Popmusik-Gesang und dem Sprechen bzw. Rufen deutlich. Während beim klassischen Gesang die Vokale so lange wie möglich als Träger des Klangs gehalten und die Konsonanten kurz und prägnant quasi wie Sprungbretter zum nächsten Vokal genutzt werden, ist das Verhältnis zwischen Konsonanten und Vokalen in der Popmusik eher, wie beim Sprechen, in Richtung der Konsonanten verschoben. Deutlich wird das bei Songs, bei denen man gar nicht mehr so genau sagen kann, ob es sich um Gesang oder Sprechen handelt, wie z. B. bei *Give It Away* von den Red Hot Chili Peppers, beim Sprechgesang des US-Rappers Nelly oder dem fast tonlosen Gesang einer Death-Metal-Band[13] wie Massacre.

weit – eng

Hier gibt es ebenfalls einen deutlichen Unterschied zwischen dem klassischen Gesang und dem Popgesang. Um eine große Tragfähigkeit und ein brillantes, ausgewogenes Obertonspektrum zu erreichen, versuchen klassische Sänger, die Resonanzräume in ihrer vollen Weite und Größe optimal auszunutzen. Ein tiefer Kehlkopfstand schafft Raum, genauso wie eine gute Artikulation, Aufrichtung und Atmung. Diese Art der Weite in den Resonanzräumen findet man im Pop eher selten und wenn, dann meistens bei Sängern, die in beiden Genres singen, wie zum Beispiel Josh Groban, oder bei klassischen Sängern, die einen Ausflug in die Popularmusik machen, wie etwa die Sopranistin Kiri Te Kanawa oder der deutsche Bassbariton Thomas Quasthoff, oder auch bei Sängern aus der Musical-Ecke, wie beispielsweise Sarah Brightman.

Popsänger finden ihren individuellen Klang häufig durch Engstellen und Spannungen. Körperspannungen lassen eine tiefe Einatmung nicht

---

13 heftige, schnelle Unterkategorie des Heavy Metal mit gutturalem Gesang der als »Growling« oder »Grunt« (engl. für grunzen) bezeichnet wird

ganz zu, die Ausatmung funktioniert häufig über Überdruck, die Aufrichtung ist nicht optimal, der Kehlkopf ist hochgezogen und im Vokaltrakt gibt es Verengungen. Das klingt wie ein Horrorszenario für Gesangslehrer! Aber wie sonst sollte man zum Beispiel Joe Cockers sehr eigene Gesangstechnik beschreiben? Oder die von Michael Jackson? Wie bekommt James Morrison seinen Sound hin, wie Pink oder Nelly Furtado? Oder Tom Waits, Shakira, Sting … Jeden einzelnen dieser und aller anderen Popsänger könnte man natürlich sehr detailliert analysieren und die Engstellen im Kehlkopfbereich, in den Resonanzräumen usw. genau beschreiben. Doch das ist hier nicht mein Ziel.[14] Mir geht eher um den Hinweis, dass in der Popmusik alle erdenklichen Formen der Stimmnutzung zu finden sind und dass Enge an bestimmten Stellen stilbildend dazugehört. Auch hier kann ich wieder auf die Nähe zum Sprechen, Rufen, Flüstern, aber auch zu emotionalen Äußerungen wie Schluchzen, Kreischen, Lachen usw. verweisen, allesamt Stimmgebungen, die nicht komplett offen und weit sind, sondern an bestimmten Stellen Spannungen und Engstellen aufweisen.

virtuos – schlicht

In der Popmusik ist die Spanne zwischen wirklich virtuosem und sehr einfachem Gesang riesengroß. Wer eine Ballade wie *The Voice Within* von Christina Aguilera oder *Bohemian Rhapsody* von Queen originalgetreu nachsingen möchte merkt schnell, wie hoch die Stimmanforderungen sind. Vor allem die berühmten Pop-Diven glänzen mit virtuosen Stimmfähigkeiten wie einem großen Tonumfang, Geläufigkeit (vergleichbar mit Koloraturen im klassischen Gesang), einer großen dynamischen Bandbreite, vielen verschiedenen Stimmfarben und einer glänzenden Belting-Stimme (gemeint ist eine kraftvolle, durchdringende Art zu singen). Auch Rocksänger, wie zum Beispiel Steven Tyler von der Band Aerosmith, bringen mit ihrer Stimme Höchstleistungen. Demgegenüber stehen auf der anderen Seite des Spektrums zum Beispiel Punksänger, die eigentlich eher sprechen oder schreien, oder Singer/Songwriter, die oft nur einen sehr kleinen Stimmumfang, eine leise Stimme, einen einzigen Stimmsound und eine schlechte Intonation haben. Wer kein Herz für die Popmusik hat, wird nie verstehen können, warum auch solche Sänger erfolgreich sein können. Hier geht es aber gar nicht wie bei den virtuosen Sängern darum, die Zuhörer mit großen stimmlichen Fähigkeiten zu begeistern, sondern

14 mehr bei Sadolin, Komplette Gesangstechnik, S. 34

darum, eine Lebenshaltung herüberzubringen, die unter Umständen die Verweigerung beinhaltet, gut, schön, leistungsfähig, brillant oder – in provokativeren Worten – strebsam, angepasst, bürgerlich, langweilig zu sein. Beispielhaft hierfür ist der Gesang von John Lydon alias Johnny Rotten, Sänger der Band Sex Pistols, von Patti Smith (*Because the Night*) oder Billie Joe Armstrong von der Band Greenday (*American Idiot*). Auch ein Rap wie zum Beispiel von 50 Cent glänzt nicht gerade durch besonders virtuose Skills und der Deutschrocker Udo Lindenberg ist durch seine Songs und seine unverwechselbare Art zu singen eher bekannt, als durch besondere stimmtechnische Fähigkeiten. Eine ganz einfache, unvirtuose Stimme kann ein Markenzeichen sein und einer Musik einen besonderen atmosphärischen Stempel aufdrücken, wie zum Beispiel der Gesang von Christa Päffgen alias Nico bei The Velvet Underground oder die Stimme des Singer/Songwriters Leonard Cohen.

natürlich – künstlich

Als natürlich empfinden die meisten Hörer eine Stimme, die der Sprechstimme nahekommt und die geradeheraus und unverstellt klingt, wie z. B. die des Sängers der Band Sportfreunde Stiller, Peter Brugger. Je weiter die Stimme sich vom direkten Gefühlsausdruck und der Sprechstimme entfernt, als desto künstlicher wird sie empfunden. Das ist keine Wertung, sondern die Beschreibung einer künstlerischen Überhöhung des ursprünglichen Stimmklangs, wie sie z. B. beim 1983 verstorbenen Klaus Nomi (*Total Eclipse*) zu hören ist. Popgesang ist tendenziell natürlicher und direkter, während eine trainierte Stimme im klassischen Kunstgesang von der Sprechstimme weiter entfernt ist.

Eine in der Popmusik häufiger vorkommende Künstlichkeit kann durch technische Bearbeitung erreicht werden, wie z. B. beim Song *One More Time* der Band Daft Punk oder bei vielen Songs der deutschen Elektropopband Kraftwerk.

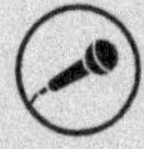 ***dein Stimmsound***

1) Nimm dir alle eben besprochenen Gegensatzpaare (also laut – leise, hoch – tief, ...) vor und mache dir ein genaues Bild von deiner Stimme. Dafür solltest du auch Aufnahmen zu Hilfe nehmen (siehe auch »Hilfsmittel zum Üben«, S. 123f.). Vielleicht fallen dir noch ein paar mehr Stimmeigenschaften ein, wie z. B. weich – hart, kraftvoll – zart, strah-

lend – matt, freundlich – aggressiv usw., meine Auflistung ist nur eine Orientierungshilfe. Frage auch Freunde, Lehrer, Gesangslehrer oder Bandkollegen. Vor allem Anfänger neigen dazu, ihre eigene Stimme falsch einzuschätzen.

2) Was gefällt dir an deiner Stimme? Was findest du besonders? Auch hier ist der Rat von anderen hilfreich.

3) Was gefällt dir nicht so gut oder ist deiner Ansicht nach noch zu verbessern? Versuche dabei realistisch zu bleiben. Wenn du z.B. eine eher weiche, klare, leise Stimme hast, wäre es unter Umständen ein ziemlich weiter Weg zu einer Soulröhre à la Tina Turner. Gibt es vermeintliche Schwächen, die du zu Stärken machen kannst?

4) Singst du oft mit »deiner« Stimme, also mit der Stimme, die du als authentisch empfindest oder verstellst du deine Stimme? Wenn ja: Machst du das, um eine Rolle zu erfüllen oder weil dir deine »echte« Stimme nicht gefällt?

5) Passen die Songs, die du singst, zu deiner Stimme?

Sängerpersönlichkeit

In diesem Kapitel geht es um die Sängerpersönlichkeit – eine spannende Mischung aus dem, was der Sänger an persönlichen Voraussetzungen mitbringt und dem, was er als Bühnenperson darstellt.

aktive – passive Interpretation

Wie stark ein Sänger seine Songinterpretation gestaltet, ist sehr unterschiedlich. Es gibt Sänger, die aktiv und bewusst durch den Song führen und auf der Bühne versuchen, diese Interpretation ans Publikum zu vermitteln. Und es gibt solche, die sich eher passiv fast selber von dem überraschen lassen, was beim Singen passiert. Erstere sind häufig erfahrenere Sänger, die gelernt haben, aktiv zu gestalten. Aber auch mancher professioneller Sänger fasziniert besonders mit einer gewissermaßen fast passiven Gelassenheit in seiner Interpretation. Anfänger neigen meistens dazu, zu wenig zu gestalten, es gibt aber auch Neulinge, die eher überambitioniert in zu viel Aktivität verfallen. Unterschiedliche Sänger, egal ob Anfänger oder Fortgeschrittene, brauchen auf jeden Fall auch unterschiedliche Impulse. Während einer immer besser wird, wenn er seine aktive gestalterische Seite fördert, blüht ein anderer auf, wenn er mehr loslässt und weniger aktiv »macht«.

Auch die Art der Musik beeinflusst, wie viel Aktivität der Sänger braucht. Ein träumerischer Loungepopsong oder ein simpler Popsong wie *Da da da* von Trio verlangen weniger Einsatz als eine Rockhymne oder eine Soulballade.

viel – wenig Kontakt zum Publikum

Einige Sänger suchen stark den Kontakt zum Publikum. Mit Blicken, Gesten und ihrer Intention zielen sie darauf, beim Hörer anzukommen. Wie auch die eher aktive oder eher passive Interpretation ist das einerseits eine Frage der Fähigkeiten und der Bühnenroutine. Fortgeschrittene Sänger sind sicherer und haben im Laufe der Zeit die Kontaktaufnahme zum Publikum erlernt, Anfänger sind oft schüchterner und noch sehr mit sich selbst beschäftigt. Es ist aber auch eine Typ- und Performancefrage, wie der Publikumskontakt funktioniert. Extrovertierte Sänger haben es damit meistens leichter als introvertierte. Grundsätzlich ist es auch hier individuell sehr unterschiedlich, was funktioniert und was nicht. Ein eher introvertierter, scheuer Sänger kann gerade durch diese Art etwas Besonderes und Einnehmendes bekommen. Es gibt auch Sänger, die sich kaum ums Publikum kümmern und sich einfach beim Musizieren zuhören und -sehen lassen und dennoch alle in ihren Bann ziehen. Ein Sänger mit wenig Kontakt kann aber auch langweilig, peinlich oder uncharismatisch wirken. Umgekehrt schaffen es sehr kontaktfreudige Sänger, einen ganzen Saal zum Mitsingen zu bringen oder das Publikum zu elektrisieren. Ein Sänger, der sich zu stark aufs Publikum konzentriert, kann aber auch als aufdringlich, bemüht oder peinlich empfunden werden.

viel – wenig Bewegung

Langsam kristallisiert sich eine wichtige Erkenntnis heraus, die auch zu diesem Gegensatzpaar passt: Es ist von Künstlerpersönlichkeit zu Künstlerpersönlichkeit sehr unterschiedlich, was funktioniert und was nicht. Mancher Sänger singt besser und kommt auch besser beim Publikum an, wenn er sich viel, ein anderer, wenn er sich wenig bewegt. Interessanterweise gilt das sogar für sehr unterschiedliche Musikstile. Es gibt zum Beispiel Rocksänger, die wie ein Wirbelwind über die Bühne toben und andere, die eher statisch sind und auf einer Stelle eine bestimmte Pose einnehmen. Oder

Songwriter mit ruhiger Musik, die trotzdem immer in Bewegung sind, während andere am liebsten mit der Gitarre an einer Stelle sitzen.

Unbeweglichkeit genauso wie Bewegung kann Ausdruck von Unsicherheit sein. Wer beim Singen starr wird, dem nützt es oft, sich über Bewegung wieder mehr Durchlässigkeit und Freiheit zu holen. Umgekehrt bekommen Hampler und Zappler durch weniger Bewegung mehr Ruhe und können sich besser auf die Songinterpretation einlassen.

Die passenden Bewegungen können außerdem die Interpretation des Songs unterstützen: Rhythmische Bewegungen helfen, im richtigen »Groove« zu singen, klare Bewegungsabläufe strukturieren den Song, Gesten unterstützen den Ausdruck, Hilfsbewegungen wie z. B. das Anheben eines Armes können die Atmung vertiefen.

viel – wenig Show

Im besten Fall kann ein Sänger in die Show seine Stärken in puncto Interpretation, Publikumskontakt und Bewegung einbringen, sie ist auf seine Persönlichkeit abgestimmt. Wenn z. B. ein sehr extrovertierter, bewegungsfreudiger Sänger mit Spaß am Glitzerfummel und großen Gesten mit einer Showband auftritt, dann passt das zusammen, genauso wie ein eher introvertierter, etwas träumerischer Typ, der in seiner Band entspannten Folkpop ganz ohne Showelemente präsentiert. Manchmal gibt es für einen Sänger aber eine Differenz zwischen der Sängerpersönlichkeit und den Showanforderungen. Das kann daran liegen, dass er sich noch nicht gut genug kennt und deshalb in ungünstige Zusammenhänge gerutscht ist oder sogar selber seine Bühnenshow für sich schlecht gestaltet hat. Es kann aber auch sein, dass ein Sänger in eine solche Auftrittssituation kommt, weil er Geld verdienen will, weil andere (z. B. die anderen Bandmitglieder oder die Plattenfirma) ihn dazu gedrängt haben oder weil er etwas für sich ausprobieren möchte. Ob die Diskrepanz zwischen Persönlichkeit und Show eine bereichernde Herausforderung oder ein persönliches Desaster ist, kann der Sänger mit beeinflussen und am Ende auch am besten selber beurteilen. Wenn ein schüchterner Sängertyp in einer Gala-Band seine Entertainmentfähigkeiten verbessert oder ein sehr auf Show geeichter Sänger im ruhigen Unplugged-Konzert eine neue Seite an sich entdeckt, kann das für ihn gut sein. Ebenso kommt es vor, dass ein Sänger einem Job oder einer Band auf Dauer den Dienst quittieren muss, weil er mit der falschen Showanforderung unglücklich ist oder die Stimme nicht mehr mitspielt.

authentisch – gespielt

Jeder Sänger kultiviert – mehr oder weniger – ein Bühnen-Alter-Ego, also eine Rolle, in die er als Sänger schlüpft. Diese Rolle kann fast identisch mit der Person im realen Leben sein. Aber eben nur fast, denn jeder Sänger stellt sich für die Bühne oder einen öffentlichen Auftritt auf diese besondere Situation ein und gibt z. B. dann nicht unbedingt preis, dass er miese Laune oder Zahnschmerzen hat. Dennoch – manchen Sänger kann man öffentlich wie privat recht ähnlich erleben. Andere verwandeln sich für Auftritte zum Teil oder nahezu komplett. Aus einer bodenständigen, kumpelhaften Frau wird auf der Bühne eine erotische Diva, aus einem unscheinbaren Typ ein rockiger Bösewicht. Ein zynischer Menschenfeind verkörpert den Sonnyboy und eine humorvolle fröhliche Sängerin wird zur melancholischen Balladeninterpretin. Die Rolle kann Schutz der Privatsphäre und Orientierung für den Künstler sein. Mancher fühlt sich befreit, wenn er sein Alltags-Ich abstreifen kann, trennt so Bühne und reales Leben fein säuberlich voneinander. Andere zerbrechen an der Diskrepanz zwischen dem Ich und der Rolle. Sie müssen sich verbiegen oder werden falsch wahrgenommen. Hier ist es wie beim vorherigen Gegensatzpaar: Wenn Seele und Körper sich massiv wehren, ist es Zeit, sich eine andere Rolle zu suchen.

einfach – künstlerisch

Einige Sänger haben ein großes Bedürfnis, sich künstlerisch auszudrücken. Sie möchten Neues schaffen und einen ganz eigenen Gesangsstil finden. Andere wollen einfach nur singen, am liebsten bekannte schöne Songs oder Lieder, die andere geschrieben haben. Sie haben Spaß daran, einen Stil zu bedienen und gesanglich bekannten Vorbildern nachzueifern. Für kreative Stilsucher ist es oft schwierig, nur »auf Kommando« zu singen. Sie sollten sich einen Raum für ihre künstlerischen Ambitionen suchen. Wer einfach Lust aufs Singen hat, muss sich nicht krampfhaft mit dem Songwriting und einem originellen Stimmsound beschäftigen. Auch das innovative Gestalten der Show und des eigenen Image ist für einige ganz wichtig, für andere eher uninteressant. Hier gilt es ebenso, eigene Bedürfnisse zu erkennen und zu ihnen zu stehen.

vielseitig – einseitig

Viele Sänger, vor allem Profis, haben eine ganze Menge unterschiedlicher Projekte: Da gibt es z. B. neben der eigenen Band noch ein Jazz-Duo für kleine Clubauftritte, eine Gala-Band und den Background-Job in einer

Soul-Coverband. Diese Vielseitigkeit hat manchmal ganz klare wirtschaftliche Gründe, weil z.B. die Herzensangelegenheit, nämlich die selbstgeschriebene Musik, nicht genug Geld zum Leben einbringt. Einige haben aber auch großen Spaß daran, auf diese Weise unterschiedliche Facetten ihrer Stimme und ihrer Performance auszuleben. Für den Sänger ist es hier auf jeden Fall wichtig, sich mit den unterschiedlichen stimmlichen Anforderungen auseinanderzusetzen: Wo möchte er besonders authentisch sein, wo erfüllt er klare Stilvorgaben, welche Stimmfähigkeiten braucht er bei welchem Projekt? Viele verschiedene Projekte bergen die Gefahr, dass die Künstlerpersönlichkeit unklar wird und in zu viele Teile zerfällt – und das nicht nur für den Sänger selber, sondern auch in der Wahrnehmung des Publikums.

Sänger mit nur einer Band bzw. nur einem Projekt können sich ganz darauf konzentrieren und ihr Sängerprofil schärfen. Stimme und Image werden so auch nach außen hin klar präsentiert. Manchem Sänger reicht das aber nicht aus – zu langweilig, zu wenig Auftritte, zu wenig Geld, zu einseitig.

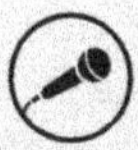

deine Sängerpersönlichkeit

1) Versuche, mithilfe der Gegensatzpaare deine Sängerpersönlichkeit genauer zu definieren. Nimmst du die Gestaltung der Interpretation bewusst in die Hand oder lässt du sie eher im Moment entstehen? Suchst du stark den Kontakt zum Publikum oder lässt du dir beim Singen zusehen? Bewegst du dich beim Singen viel oder eher wenig? Bist du auf der Bühne viel mit dem Entertainment und der Show beschäftigt oder geht es hauptsächlich ums Singen? Weicht dein Bühnen-Alter Ego stark von deiner Alltagsperson ab oder gibt es viele Überschneidungen? Hast du starke künstlerische Gestaltungsambitionen oder reicht es dir, einfach zu singen, was gerade gefragt ist? Welche Anforderungen musst du in welchem Projekt erfüllen?

2) Vielleicht fallen dir zur Beschreibung deiner Sängerpersönlichkeit noch mehr Eigenschaften ein, die über die von mir genannten Gegensatzpaare hinausgehen, z.B. aggressiv, humorvoll, eigensinnig, wild, cool, ... Wie erleben dich andere als Sänger?

3) Womit bist du zufrieden? Lebst du deine Künstlerpersönlichkeit für dich passend aus? Was gefällt dir an deiner Künstlerpersönlichkeit gut?

4) Was gefällt dir noch nicht gut? Wo hast du das Gefühl, mit deinen Wünschen und Fähigkeiten noch nicht am Ziel zu sein? Ein paar Möglichkeiten als Beispiel:
   - Du ruhst noch nicht genug in dir und bist zu viel mit Bewegung und Kontakt zum Publikum beschäftigt.
   - Du hast eine künstlerische Vorstellung von der Bühnenperson, die du sein möchtest, glaubst aber, dass es falsch ist, sich für den Auftritt stark von der Alltagsperson zu entfernen.
   - Du versteckst dich hinter einer Show und wärst gerne authentischer.
   - Du bist sehr passiv in der Gestaltung deiner Songs und möchtest mehr aus dir herauskommen.
   - Du bist in einer Band mit künstlerischem Anspruch und würdest aber am liebsten nach klaren Vorgaben singen.
   - Du singst in einer Coverband und sehnst dich aber eigentlich nach mehr künstlerischem Profil und stimmlicher Eigenständigkeit.
   - Du hast zu viele verschiedene Projekte und fühlst dich zerrissen.

Performance

Hier geht es um die Frage, was der Künstler – oder auch andere einflussnehmende Instanzen wie Plattenfirmen, Stylisten, Manager usw. – der Musik bzw. dem Gesang als Performance hinzufügt, also mit welcher Attitüde der Sänger auftritt und welche Showelemente wie Kleidung, Licht, Choreografie usw. neben der Musik wichtig sind.

Drama – Understatement

Mancher Popsänger greift bei seiner Performance zu großen Gesten: Zusammenbruch und Heldenpose, Schluchzen und Jauchzen, Zeter und Mordio – opernhaftes Drama! Andere wieder sind zu cool, um eine Miene zu verziehen oder scheinen so gelangweilt, dass sie sich kaum bewegen. Während Freddy Mercury auf der Bühne mit raumgreifenden Posen heldentenorhaft *We Are the Champions* schmetterte, singt Neil Tennant von den Pet Shop Boys etwas blasiert und vollkommen unaufgeregt *Being Boring*. Leona Lewis spielt ihre Rolle als tief leidende Diva beim Song *Bleeding Love* während Lou Reed im entspannten Singsang zum *Walk On the Wildside* auffordert.

natürlich – künstlich

Hier möchte ich zwei supererfolgreiche Sängerinnen gegenüberstellen: Norah Jones und Lady Gaga. Während die eine singt und agiert wie das nette Mädchen von nebenan, tritt die andere als durchgeknallte Kunstfigur auf. Wie ich schon oben, S. 27ff., zum Thema »Authentizität« geschrieben habe, muss das stilistische Erscheinungsbild der Künstlerin aber nicht mit der Alltagsperson übereinstimmen. Vielleicht ist die »Natürliche« im privaten Leben eine komplizierte, kapriziöse Person, die »Ausgeflippte« eine bodenständige Frau mit Geschäftssinn – das sind natürlich reine Spekulationen. Ein Sänger wie z. B. Jack Johnson scheint mit denselben Klamotten auf die Bühne zu gehen, in denen er vorher noch im Supermarkt einkaufen war. Sowohl Auftreten als auch Gesangsstil ändern sich nicht, ob er auf der großen Open-Air-Bühne vor Tausenden von Zuschauern singt oder spontan auf einer kleinen Jamsession mit anderen Musikern spielt. Bands wie Slipknot oder Kiss dagegen kostümieren und schminken sich für die Bühne so vollständig, dass sie auf der Straße nicht erkannt werden.

große Show – schlicht

Wer zu einem Konzert von Rammstein geht, erwartet Pyrotechnik vom Feinsten, die Shows von einem US-Star wie Michael Jackson waren Multimediaspektakel, Tanztheater, Pantomime und Musikentertainment. Daneben gibt es aber auch »den Jungen oder das Mädchen mit der Gitarre«, die sich auf die Bühne stellen und ohne jedes weitere Showelement einfach Musik machen, wie der eben genannte Jack Johnson. Auch ein Superstar wie Adele verlässt sich bei ihren Live-Präsentationen fast nur auf ihre Stimme und die Musik. Natürlich kommt heute keine große Musikproduktion ohne Scheinwerfer-Gewitter, LED-Wand usw. aus. Aber mit dem Show-Aufwand, der betrieben wird, gibt ein Sänger oder eine Band auch ein Statement ab. Die einen wollen nach allen Regeln der Kunst unterhalten, die anderen distanzieren sich unter Umständen bewusst vom Musikspektakel und setzen auf die pure Musik.

Durch den Einsatz der Showelemente wird die Aussage der Musik unterstrichen. Ein Teenie-Star wie Justin Bieber bietet eine kommerzielle

Show mit Tanz, Nebel und Lightshow auf dem modernsten Stand der Technik, eine eher künstlerisch-kreative Sängerin wie Björk hat eine ebenso künstlerisch-kreative Performance mit passendem Bühnenbild, Kostüm und Beleuchtung.

deine Performance

1) Wie kannst du deine Show beschreiben? Zeigst du großes Drama oder betreibst du Understatement? Scheinst du auf der Bühne eher natürlich oder wie eine Kunstfigur? Gibt es zur Musik eine Riesenshow oder soll die Musik ohne viel Performance auskommen? Welche Showelemente wie Bühnenbild, Kostüm, Choreografie etc. verwendest du und sind sie auf die Aussage der Musik abgestimmt? Sind sie eher herkömmlich oder außergewöhnlich?

2) Was gefällt dir an deiner Performance? Womit bist du zufrieden?

3) Womit bist du unzufrieden? Was möchtest du verändern? Ein paar Möglichkeiten als Beispiel:
   - Du steckst jede Menge Kreativität in deine Musik, aber die Bühnenpräsentation ist eher langweilig.
   - Du machst auf der Bühne viel Show, hast aber das Gefühl, dass dein Gesang dabei zu kurz kommt.
   - Die genutzten Showelemente passen nicht zur Musik.
   - Du würdest gerne eine viel ausgeflipptere Kunstfigur verkörpern, traust dich aber nicht.
   - Du bist auf der Bühne unterkühlt, weil du glaubst, dass mehr Show uncool ist.

Stil

Die Gegensatzpaare in puncto Stil sind geprägt von der Spannung zwischen Innovation, Individualität und künstlerischem Ausdruck auf der einen und Tradition, Massengeschmack und Kommerzialität auf der anderen Seite. Schwarz-Weiß-Denken funktioniert hier aber nicht so einfach, das heißt, dass ein Künstler und sein Stil nicht zwangsläufig nur auf der einen oder nur auf der anderen Seite dieses Spektrums zu finden sind.

Ein Musiker, der mit seinen Songtexten dem politischen Underground zugeordnet werden kann, verpackt das Ganze in traditionelle, poppige Musik (wie z.B. die Band Chumbawamba). Ein anderer entwickelt musikalisch Hochinnovatives und Individuelles und schafft damit den kommerziellen Megaerfolg (z.B. Björk). Dieses Wechselspiel macht die Popmusik immer wieder spannend und widersprüchlich. Sicher ist, dass die Popwelt immer nach dem Neuen und Besonderen sucht und innovative Strömungen aufsaugt wie ein Schwamm, gleichzeitig fehlen den Machern der Plattenindustrie oft die Ausdauer und die Vision, Außergewöhnliches längerfristig zu fördern. Sie schnappen lieber Trends auf, die sich schon, z.B. im Internet, als erfolgversprechend hervorgetan haben. Deshalb haben es innovative Künstler, solange sie noch keinen Erfolg haben, oft besonders schwer: Sie passen in kein Schema und keinen Trend, sind also »schwer vermittelbar«. Gerade junge Musiker oder – im Hinblick auf dieses Buch – speziell Sänger müssen sich darüber klar sein, dass die Startschwierigkeiten mit eigenständigem Material oft deutlich größer sind als mit massenkompatiblerer, kommerziell erprobter Musik.

traditionell – innovativ

Dieses Gegensatzpaar definiert ein für die Popmusik besonders prägendes Spannungsfeld zwischen dem Sich-Stützen und Sich-Berufen auf schon vorhandene Musikstile und dem Schaffen neuer Klangwelten. Immer wieder erfinden innovative Künstler Musik, die etwas Neues transportiert, einen Stil prägt und erfolgreich wird, denen dann unzählige nachfolgen, weil ihnen der neue Stil oder der neue musikalische Ausdruck gefällt oder weil sie schlichtweg auf der Erfolgswelle mitreiten wollen. Das Neue in der Musik kann z.B. eine bestimmte Instrumentierung, Melodieführung oder Harmonisierung oder aber das erstmalige Zusammenbringen zweier unterschiedlicher Stile sein. Auch eine Aussage oder eine bestimmte Attitüde kann Neues bringen. Oft bekommt die neue Idee einen bestimmten Namen und geht einher mit einer eigenen Mode und Ästhetik. Anstoß für das Neue können, neben der künstlerisch-kreativen Schaffenskraft der Musiker, auch gesellschaftliche Veränderungen, technische Neuerungen und Einflüsse anderer musikalischer Richtungen sein. Im großen Pool der Popmusik ist das alles kein übersichtliches und musiktheoretisch bis ins Kleinste durchanalysiertes Geschehen, sondern eine bunte Mixtur mit inzwischen unzähligen Strömungen, Unterkategorien, Genrebezeichnungen und Vermischungen. Je länger die Popmusik, wie wir sie heute kennen, existiert, desto vielschichtiger wird sie. Heute gibt es genauso Musiker, die sich auf den Rock 'n' Roll der 50er-Jahre berufen, wie solche, die versuchen, einen neuen Stil zu prägen, 80er-Jahre-Revivals und Techno-Partys, Pop mit Anklängen aus der Swing-Ära und Klassik-Pop-Crossover. Diese Genreliste könnte ich noch endlos weiterführen.

Für den Sänger interessant ist die Frage, ob er sich gesanglich in einen bestimmten schon vorhandenen Stil einordnen möchte oder nicht. Beim Gesangsstil gilt dasselbe wie bei der gesamten Popmusik: Es ist ein immerwährendes Wechselspiel zwischen Innovation und Tradition. Ein Sänger wird mit einem neuen Sound bekannt und gleich folgen die Nachahmer oder Stilbrüder und -schwestern. Etwas gilt immer so lange als gesangsstilistisches »Muss«, bis jemand es überzeugend anders macht.

kommerziell – nicht kommerziell

»Kommerziell« bedeutet laut Duden »den Handel betreffend, geschäftlich« oder auch »Geschäftsinteressen wahrnehmend, auf Gewinn bedacht«. Schon in dem Moment, wo ein Sänger auf der Straße singt und einen Hut aufstellt, um Geld zu sammeln, ist seine Musikperformance also auch von kommerziellem Interesse geprägt. Popmusik hat fast immer mit Geldverdienen zu tun, sie ist eng verquickt mit der Industrie, die sie vermarktet. Das Musikangebot wird nicht nur von den Konsumenten und ihren Musikwünschen geformt, sondern umgekehrt genauso – oder womöglich noch mehr – davon, was die Industrie den Konsumenten vorsetzt, was sie bewirbt und fördert. Stellt man das Kommerzielle dem Nicht-Kommerziellen gegenüber, meint man damit eher die Motivation und Grundidee, mit der die Musiker an das Musikmachen herangehen: Ziel kann sein, Musik so zu schreiben und zu produzieren, dass sie von möglichst vielen Menschen gekauft wird, dafür müssen der kleinste gemeinsame Nenner gefunden, Hörgewohnheiten bedient und Ecken und Kanten abgeschliffen werden. Beim nichtkommerziellen Ansatz geht es um den musikalischen Ausdruck, die kommerzielle Verwertbarkeit ist zweitrangig, die Musik ist ungewöhnlicher, innovativer, nicht auf Konsens produziert.

In der Tonträgerindustrie gibt es einige sehr große, marktdominierende Plattenfirmen, die sogenannten Major-Labels, wie z. B. Sony Music Entertainment, und viele kleine Plattenfirmen, die Independent-Labels, die weitgehend unabhängig von diesen Plattenindustrie-Giganten arbeiten. Die großen Firmen können häufig ein Vielfaches von dem in ihre Künstler investieren, was die kleinen Firmen vermögen, wollen aber auch tendenziell eher die breite Masse bedienen, um gewinnbringend zu produzieren. Die kleinen »Indies« setzen häufig eher auf Spartenmusik und eigenständigere, innovativere Musiker. Passend zur Label-Bezeichnung wird Musik, die weniger kommerziell motiviert ist, häufig Independent-Musik genannt. Auch das sind wiederum nur Vereinfachungen. So kann eine sogenannte »Indie-Band« bei Erfolg einen Plattenvertrag bei einem Major-Label bekommen und sehr kommerziell wirkende Musik von einer kleinen Plattenfirma veröffentlicht werden. Geht es um die Einordnung von Musik in »kommerziell – nicht kommerziell« ist aber häufig nicht die reale Situation am Markt gemeint, sondern eher die musikalische Ausrichtung.

Wer gesanglich und musikalisch eine ganz spezielle Richtung bedient oder nicht der gerade gefragten Norm entsprechen möchte, findet wahrscheinlich eher in einem Independent-Label eine passende Plattenfirma. Solche Musiker leben aber damit, dass sie mit weit geringeren Produktions- und Werbeetats auskommen müssen als ihre Kollegen mit Major-Plattenvertrag.

Mainstream – Underground

Im Zusammenhang mit Kultur ist mit Mainstream (engl. für »Hauptstrom«) die Massenkultur gemeint, im Gegensatz dazu bedeutet Underground (engl. für »Untergrund«) Minderheitenkultur. Underground-Musik kann politisch motiviert sein, z.B. als Ausdruck von Rebellion oder Aufbegehren gegen Unterdrückung. Auch neue Lebensentwürfe, gesellschaftliche Veränderungen oder innovative Kunstideen können Underground-Kultur hervorbringen. Sie stellt eine Gegenkultur dar, die in kleinen Gruppierungen entsteht. In der Popmusik wird Underground oft – in geglätteter und massenkompatiblerer Form – irgendwann Teil des Mainstreams, man kann sogar sagen, dass die meisten wichtigen stilistischen Strömungen in der Popmusik aus Underground-Musik entstanden sind. Ein Beispiel sind die Rock- und Folksongs der in den 60er-Jahren aufgekommenen alternativen Hippie-Bewegung, die die Musiklandschaft umfassend beeinflusst haben oder die Hip-Hop-Musik, die ursprünglich aus den schwarzen Ghettos der USA stammt und heute aus den Hitparaden der Welt nicht mehr wegzudenken ist.

Popularmusik – Kunst, Jazz, Experimente

In der einen Ecke steht die leicht verdauliche, massenkompatible, textinhaltlich und musikalisch einfache »populäre Musik«, im Sinne von Volksmusik. In der anderen Ecke steht musikalisch und inhaltlich anspruchsvolle, innovative Musik, die tendenziell eher von einer kleineren Gruppe von Hörern geschätzt wird. Soundexperimente, musikalische Innovationen, Kollaborationen mit der Kunst oder dem Theater und Überschneidungen mit Jazz oder Klassik setzen dem Massengeschmack individuelle, künstlerische Ideen entgegen. Popmusik wird in den Köpfen ihrer Kritiker häufig mit der Massenmusik gleichgesetzt. Dabei werden spannende Künstler wie z. B. Frank Zappa außer Acht gelassen. Auf der anderen Seite können eingefleischte Popmusikhörer, denen Modern Talking oder DJ Ötzi gefällt, manchmal so gar nichts mit anspruchsvollerer Musik anfangen. Auf jeden Fall ist die Massenmusik kommerziell viel verwertbarer und wird dann zusätzlich durch Werbung, Radio- und Fernseheinsatz usw. in ihrer Ausbreitung potenziert. So wird der Massengeschmack durch die Industrie künstlich angefeuert, eine Unterstützung, die die anspruchsvollere Musik nicht bekommt. Die ohnehin eher Minderheiten ansprechende Musik hat es deshalb noch schwerer, überhaupt gehört zu werden, was die Vielfalt in der Popmusiklandschaft natürlich deutlich einschränkt. Vor allem öffentlich-rechtliche Radio- und Fernsehsender und Liebhaber-Plattenfirmen und -Verlage usw. kümmern sich um außergewöhnlichere Popmusik. Die Hoffnung, dass das Internet den nicht so sehr massenkompatiblen Strömungen zu mehr Gehör verhilft, hat sich nur teilweise erfüllt, weil auch hier die großen Konzerne das Geschehen stark beeinflussen.

vielseitig – einseitig

Viele Sänger bleiben ihrem Gesangsstil eine Karriere lang treu, entweder weil ihr Stil für sie einfach passt oder weil sie befürchten, dass die Fans einen Genrewechsel nicht mitmachen würden. Eine Künstlerin wie Joni Mitchell hat sich von solchen kommerziellen Anforderungen immer wieder frei gemacht und sich in ihrer langen Karriere ständig verändert. Verschiedene Stile wie Folk, Pop, Jazz und Rock finden sich in ihrem Werk wieder. Auch für Musiker wie Prince oder David Bowie steht die künstlerische Entfaltung hörbar an erster Stelle und macht ihre Musik ebenso wie ihr öffentliches Auftreten sehr wandelbar. Eine Sängerin wie Madonna hat den Stilwechsel sogar zum Programm gemacht, jedes Album bringt einen neuen Sound und wird mit einem anderen Outfit und Image präsentiert. Manchmal funktionieren für Sänger auch Ausflüge in einen anderen Stil. So hat z. B. Robbie Williams 2001, auf seinem Karrierezenit als Popsänger, das weltweit erfolgreiche Album *Swing When You're Winning* mit Swing-Klassikern veröffentlicht.

covern – eigene Musik

Eine nicht unerhebliche Zahl von Sängern lebt zum Teil oder vollständig vom Nachsingen bekannter Songs. Da gibt es die unzähligen Top-40-,

Tanz- und Gala-Bands, die bei Partys, Messen, Stadtfesten, Hochzeiten und anderen gesellschaftlichen Anlässen für musikalische Untermalung sorgen und zum Tanz aufspielen, oder auch Tribute-Bands, die versuchen, die Musik einer bestimmten Band oder eines Sängers möglichst originalgetreu wiederzugeben. Wer einen Musikstil wie z.B. Soulmusik mag, spielt bekannte Soulklassiker und kann unter diesem Genrelabel auftreten. Wer schnell ein Programm auf die Beine stellen will, bedient sich aus dem großen Fundus der Popmusik, denn Songs müssen nicht komponiert werden. Vertraute und erfolgreiche Hits sind schon publikumserprobt bzw. Garanten für gute Stimmung, weshalb Cover-Bands bei einigen Veranstaltungen beliebter sind als unbekanntere Bands, die eigene Songs spielen. Covern ist eine gute Möglichkeit zum Musizieren zu kommen.

Wer das genaue Kopieren zu langweilig findet, kann versuchen, die Songs umzuarrangieren und neu zu interpretieren. Erfolgreiche Bands sind z.B. The Baseballs, die bekannte Songs im Rock 'n' Roll-Gewand präsentieren oder die französische Band Nouvelle Vague, die Hits im Bossa Nova- und Easy Listening-Stil spielen.

Das originalgetreue Nachspielen bzw. -singen hat aber auch seine Tücken: Die Hörer messen den Sänger fast immer am Original. Jeder kennt die unzähligen gescheiterten Versuche der Kandidaten bei Casting-Shows, erfolgreiche Hits zum Besten zu geben. Da kommt dann einer, laut Jury, »ans Original nicht ran« oder hat »zu wenig eigenen Stil reingebracht«. Als Sänger ist man mit der Frage konfrontiert, wie stark man sich dem Vorbild nähern will oder auch kann. Diese Frage stellt sich bei selbstgeschriebenen Songs gar nicht, denn da ist man als Erstinterpret selber das »Original«. So kann ein Sänger seine Künstlerpersönlichkeit stärker definieren als beim Covern. Die meisten Sängerkarrieren begründen sich dann auch auf eigenes Songmaterial.

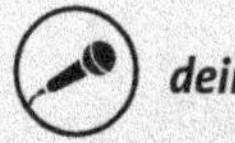

dein Stil

1) Versuche, deinen Gesang in den größeren stilistischen Zusammenhang einzuordnen: Stehst du in einer bestimmten Musiktradition oder versuchst du, Neues zu erfinden? Wie wichtig ist der kommerzielle Erfolg dabei für dich? Bedient deine Musik eher den Massengeschmack oder soll sie eine kleinere Gruppe von Hörern ansprechen? Hast du verschiedene Projekte mit verschiedenen Intentionen oder konzentrierst du dich auf eine Richtung? Spielst du Songs nach oder schreibst du eigene Musik?

2) Mit welchem Aspekt bist du zufrieden?

3) Wo möchtest du dich in eine andere Richtung bewegen? Wo hast du Schwierigkeiten oder bist unzufrieden? Wohin möchtest du gehen? Ein paar Möglichkeiten als Beispiel:
   - Du möchtest innovativer oder experimenteller werden.
   - Du möchtest eigene Songs schreiben.
   - Du willst eigentlich viel kommerziellere Musik machen, die mehr Leute anspricht.
   - Du möchtest auch mal Songs nachsingen.
   - Du bist in einer Coverband und sehnst dich nach kreativem Musikmachen.
   - Du bist sehr auf einen Stil festgelegt und möchtest deine Bandbreite erweitern.
   - Du traust dich nicht, mit deinem Stil vom Mainstream abzuweichen.
   - Du glaubst, nur komplizierte Musik ist cool.
   - Du singst schon lange eine bestimmte Musikrichtung und hast Angst, mit einem Richtungswechsel dein Image kaputt zu machen.
   - Du hast dich verändert und willst auch deinen Stil verändern.

4) Passt dein Stil zu dir? Lebst du deine eigenen Wünsche und Vorstellungen oder versuchst du, die Erwartung von anderen zu erfüllen?

Standortbestimmung

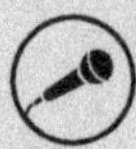

Wo stehst du und wo willst du hin?

1) Jetzt hast du ein konkretes Bild von deiner Stimme, deiner Sängerpersönlichkeit, deiner Performance und deinem Stil. Sieh dir deine bisherigen Aufzeichnungen an und fasse nochmal deine Stärken und alles, womit du zufrieden bist, zusammen.

2) Vergleiche die verschiedenen Aspekte miteinander: Ergibt sich ein stimmiges Bild? Was passt gut zusammen, was eher nicht?

3) Schreibe die Punkte auf, in denen du noch unzufrieden bist. Was kannst du tun, um zufriedener zu werden? Wo brauchst du Unterstützung oder Beratung? Wen kannst du um Hilfe bitten?

4) Suche dir Vorbilder, an denen du dich orientieren kannst, also Sänger, die in vielen Stimmeigenschaften mit dir übereinstimmen, deren Stil und Attitüde dir zusagt und zu dir passt oder die dir in Sachen Show richtig gut gefallen.

5) Jetzt weißt du, wohin dein Weg dich führen soll. Gehe ab jetzt Schritt für Schritt vor. Mache dir also keinen Stress mit »Wahnsinns«-Zielen und -Anforderungen, sondern peile nur den nächsten machbaren Schritt an, vor dem du nicht zu großen Respekt hast.

6) Guck immer mal wieder, ob sich deine Ziele auf dem Weg verändert haben. Überforderst du dich mit zu großen Plänen? Bist du blockiert und steckst fest?[15]

7) Gibt es Schwächen, die du auf Dauer annehmen oder sogar zu Stärken machen kannst?

---

15 Allen, die einen Extrakick zur Entwicklung brauchen, empfehle ich von Herzen dieses Buch von Julia Cameron: Der Weg des Künstlers (Knaur, 2009).

Du und die anderen – drinnen und draußen

Durch das Singen kommen wir in Kontakt – mit uns selber, unserem Körper, unseren Gefühlen und unserer kreativen Kraft, mit anderen Menschen, mit denen wir gemeinsam musizieren und mit denen, die uns zuhören. In diesem Kapitel geht es um die schönen und die herausfordernden Seiten dieses Kontakts und wie wir ihn lenken und beeinflussen können.

Singen – nur für dich!

Die Stimme ist ein Instrument, das man immer bei sich trägt, man braucht nichts von außen, um damit Musik zu machen. Sie ist Teil unseres Körpers, der Klang entsteht durch Luft, die wir ausatmen und die unsere Stimmlippen in Schwingung bringt. Beteiligt am Vorgang des Singens sind Muskeln, Schleimhaut, Nerven, Knochen ... Schwingungen breiten sich im Körper aus, werden durch ihn verstärkt und gelangen dann in den Raum um uns, das Ohr hört, der ganze Körper fühlt die Stimme – ein äußerst sinnliches Erlebnis. Wie schon in der Einleitung geschildert, kann der Gesang dem Sänger schon ganz ohne Zuhörer jede Menge geben – Ruhe und Entspannung oder Schwung und Energie, Kontakt mit sich selber und eine Möglichkeit, Gefühle in Klang zu verwandeln. Man kann mitmilfe der eigenen Stimme meditieren, experimentieren, einfach Musik machen.

> Leider haben viele Menschen diese wunderbaren Aspekte des Singens aus den Augen, oder besser aus dem Gefühl, verloren. Wesentlicher Grund dafür ist das permanente Bewerten des eigenen Gesangs, also die innere Zensur.

Was für ein Jammer, sich den Gesang so zu vermiesen! Innere Miesmacher-Sätze können sein: »Deine Stimme klingt zu hoch/dünn/brummig/hässlich ...«; »Du kannst nicht singen.«; »Du triffst keinen Ton.«; »Du musst diesen oder jenen Ton besser/schöner/lauter ... singen.«; »XY singt viel besser als du.«; »Du darfst nicht so quetschen, näseln, kratzen ...«

Wir kommen aus dem Bewertungskarussell nicht heraus, nicht einmal dann, wenn niemand zuhört, außer uns selbst.

1) Nimm dir einen Song, den du sehr gerne magst und singst. Versuche, das Singen von Anfang bis Ende zu genießen. Beobachte, ob und welche Urteile immer wieder im Kopf aufflackern. Es geht nicht darum, diese Bewertungsgedanken auszuknipsen – das funktioniert sowieso nicht –, sondern sie sich bewusster zu machen und sich genauso bewusst dafür zu entscheiden, immer mal wieder einfach so aus Spaß zu singen. Wenn du das Gefühl hattest, beim Singen ganz ohne Miesmacher-Gedanken auszukommen, dann freu dich!

Die hier im Weiteren folgenden Übungen können eine Idee von der sinnlichen Erfahrbarkeit und den positiven emotionalen Aspekten des Singens geben, die nichts mit Bewertung zu tun haben. Einige Leser kennen solche Übungen bestimmt schon, für andere sind sie vielleicht eine neue Seite des Singens und geben einen Anstoß, sich noch mehr mit diesem Singgefühl zu befassen.[16]

2) Summe verschieden hohe und tiefe Töne auf »m« und fühle mit den Händen, wo im Kopf, Gesicht, Hals, Nacken und Brustkorb du Schwingungen wahrnimmst. Welcher Ton schwingt wo? Wenn du einen Ton gefunden hast, der z. B. deinen Brustkorb leicht vibrieren lässt, dann summe diesen Ton mehrmals hintereinander, das ist wie eine »Mini-Massage« von innen.

3) Wenn du hektisch und gestresst bist: Nimm dir etwas Zeit, setze dich bequem hin und atme etwas mehr Luft ein, als

---

16 Buchtipps zum Weiterlesen und -singen: Wolfgang Bossinger: Die heilende Kraft des Singens (BoD); Hazrat Inayat Khan: Musik und kosmische Harmonie aus mystischer Sicht (Verlag Helbronn, 6. Aufl., 2013); Wolfgang Saus: Oberton Singen. Das Geheimnis einer magischen Stimmkunst (Traumzeit-Verlag, 3. Aufl., 2011); Ali Schmidt (Hg.): Sacred Songs. 108 der schönsten Mantras und spirituellen Lieder der Welt (ELI Berlin, 3. Aufl., 2008)

beim normalen »Herumsitzen«. Atme nicht eilig, sondern allmählich ein und summe beim Ausatmen einen Ton auf »s« (wie bei »See«, also stimmhaft, wie ein Bienensummen), so lange der Atem reicht und es sich angenehm anfühlt. Mach das ein paar Mal hintereinander. Du kannst die Augen dabei schließen. Vielen hilft das Bild, dass die Einatmung wie eine Meereswelle ist, die sich langsam aufbaut, das Ausatmen ist dann das Ausrollen der Welle am Strand. Wenn dir das gefallen hat, kannst du auch statt zu summen einen Song singen. Lass dabei aber immer genug Pausen für die gemächliche Einatmung, auch wenn dadurch der Rhythmus etwas verzögert wird.

4) Wenn du müde und schlaff bist: Setz dich auf einen Stuhl ohne dich anzulehnen. Stell dir beim Einatmen vor, dass du durch die Wirbelsäule atmest. Es geht unten beim Steißbein los, die ganze Wirbelsäule entlang bis hoch in den Kopf. Auch beim Singen bleibt dieser Energiestrom erhalten, er fließt von unten durch die Wirbelsäule in den Kopf. Auch hier kannst du einfach Töne summen oder du singst einen Song. Lass dir aber Zeit für die Einatmung. Die Augen sind geöffnet.

Singen ist Kommunikation

Sobald jemand einem beim Singen zuhört, tritt man in eine Kommunikation. Kein Sänger singt für ein Publikum, ohne dabei in Kontakt gehen zu wollen, sonst könnte er ja auch alleine für sich singen. Er möchte also irgendwie das Publikum berühren, es zum Zuhören bringen.

Die unterschiedlichen möglichen Haltungen des Sängers zu dieser Kommunikation sind sehr spannend: Er kann sich quasi beim Musikmachen zugucken bzw. zuhören lassen; er macht sein Ding, geht in der Musik auf und lässt sein Publikum daran teilhaben; er kann aber auch das Publikum bewusst ansprechen, eine Geschichte erzählen, den Zuhörern gezielt Gefühle offenbaren oder verbergen. Gerade auf der Bühne gibt es diesbezüglich ganz unterschiedliche Sängerpersönlichkeiten – von denen, die sehr versunken zu sein scheinen in dem, was sie tun, bis hin zu den Sängern, bei denen Entertainment und Show fast wichtiger als der Gesang sind. Das hat nicht unbedingt etwas mit der »Action« auf der Bühne zu tun, sondern eher mit dem Zugewandt-Sein zum Publikum, dem Kontakt, den der Sänger herstellt. Es gibt Sänger, die sich kaum bewegen, aber sich zum Beispiel durch Blicke stark in Richtung Publikum öffnen und andere, die auf der Bühne herumtoben, aber sich dabei scheinbar für das Publikum kaum interessieren. Einige haben komplett durchchoreografierte Shows, in denen der Publikumskontakt genau vorgeplant ist, andere verlassen sich eher auf das spontane Gefühl (vgl. die Ausführungen zum Thema »Sängerpersönlichkeit« ab S. 45 ff.).

Die Kommunikation läuft natürlich auch umgekehrt, das heißt der Sänger bekommt etwas vom Publikum zurück: Jubel, Applaus, Begeisterung – oder auch skeptische Blicke, Unaufmerksamkeit, Ablehnung. So kann sich die Kommunikation einerseits in ein ekstatisches Erlebnis hochpeitschen und andererseits – im schlechten Fall – entweder gar nicht stattfinden oder zum Streit werden.

Sänger sind meistens ziemlich sensible Menschen, die starke Antennen für die Signale des Publikums haben. Jeder kennt bestimmt die Situation, vor einem desinteressierten, lahmen oder ablehnenden Publikum zu stehen, denn keiner von uns geht direkt als berühmter Superstar auf die Bühne und wird nur mit einem begeisterten Publikum beschenkt. Manchmal reicht es schon, wenn nur ein Teil des Publikums einem Sänger ein ungutes Gefühl gibt, um ihn zu verunsichern, Ängste zu schüren oder ihn zu verärgern.

Für eine gelungene Kommunikation zwischen Sänger und Publikum ist es deshalb wichtig, diese als Sänger in die Hand zu nehmen und zu lenken.

Klar, wenn dir faule Tomaten oder Bierdosen an den Kopf geworfen werden, kannst du wahrscheinlich nicht mehr viel tun, aber das sind ja zum Glück Ausnahmesituationen. In den meisten Fällen kannst du von Anfang an etwas an deiner Einstellung tun: Du bist der Lenker der Kommunikation, du gibst etwas, zeigst, kommunizierst. Du verschenkst deine Stimme, deine Musik, deine Emotionen, lässt das Publikum daran teilhaben, unterhältst es. Ungünstig ist es, wenn du dich von der Gunst des Publikums lenken lässt: von der Frau vorne rechts, die zwar Eintritt bezahlt hat, aber die ganze Zeit mit ihrer Freundin quatscht, oder dem Mann hinten links, der völlig genervt guckt. Oder von einem sehr lahmen Publikum, das überhaupt noch nicht in Konzertstimmung ist. Die Zügel in die Hand zu nehmen und – egal was kommt – einen guten Auftritt hinzulegen, also von Anfang an da zu sein und die Kommunikation mit

Qualität zu befeuern, ist Merkmal von wirklich guten Sängern. Natürlich bleibt man empfänglich für die Signale, und am tollsten ist es, ein durchweg begeistertes Publikum zu haben, aber die innere Einstellung kann eine Art Rüstzeug werden für schwierigere Situationen und eine Grundidee davon geben, wie man seinem Publikum am besten gegenübertritt.

Das Singen im Studio bzw. eine Tonaufnahme ist da anders. Einige introvertiertere Sänger sind manchmal froh, wenn sie kein direktes Publikum haben und entfalten sich im Studio viel mehr als »live«. Anderen fehlen die Menschen, für die sie singen, mit denen sie in Kontakt treten und denen sie sich zeigen können. Für diese Sänger kann es hilfreich sein, sich, wenn das möglich ist, ein Publikum zur Aufnahme dazuzuholen oder sich beim Singen eine Konzertsituation, imaginäre Hörer beim Anhören der CD oder Fans beim Tanzen im Club vorzustellen.

1) Versuche, bei deinen nächsten Auftritten ein inneres Bild, eine besondere Einstellung oder Grundhaltung zu aktivieren. Wenn du dir die Kommunikation wie einen fließenden Kreislauf zwischen dir und dem Publikum vorstellst, dann konzentriere dich auf den Fluss von dir zu den Zuhörern. Mach dir bewusst, dass du den Hörern etwas schenkst. Du lässt sie teilhaben an deinem Gesang, deiner Musik und deinen Gefühlen. Du bist der Sender, das Publikum ist der Empfänger. Stell dir diesen Energiefluss als etwas Selbstverständliches vor, nicht als etwas, das du krampfhaft herstellen musst. Einigen wird das nicht auf Anhieb gelingen, anderen nur momentweise. Nimm das zum Anlass, diese Einstellung immer wieder zu üben und darin sicherer zu werden.

2) Beobachte, ob du eher dem Publikum zugewandt bist oder dir lieber einfach beim Singen zugucken und zuhören lässt. Passt das? Frage zusätzlich Freunde oder Bekannte, die dich einschätzen können, eventuell kannst du Videoaufnahmen von deinem Auftritt machen und hinterher für dich auswerten. Wenn du dich zu stark auf das Publikum fixierst, wird die Kommunikation unstimmig, wie bei einem Gespräch, bei dem einer auf den anderen einredet. Vielleicht wird dein Auftritt entspannter, wenn du dich mehr auf das Musikmachen konzentrierst und die Musik dem Publikum schenkst.

Wer zu wenig Kontakt zum Publikum hat, versucht meistens, sich auf der Bühne hinter einer unsichtbaren Wand zu verbergen, so kommt die Kommunikation schwer in Gang. Probiere aus, dich mehr zum Publikum zu öffnen. Das kann durch Schritte nach vorne, Blicke, Gesten und Ansagen passieren oder auch einfach durch das Bewusstsein, dass es ein Gegenüber gibt, mit dem du »reden« willst.

3) Überlässt du auf der Bühne die gesamte Publikumskommunikation dem Zufall? Für ein sicheres Gefühl kann es hilfreich sein, einiges im Voraus zu planen: Was sage ich wann zwischen den Stücken, wann stehe ich wo, welcher Song ist eher introvertiert, wo gehe ich direkt auf das Publikum zu usw.?[17]

Kritik und Lob

Wenn Sänger das Wort »Kritik« nur hören, zucken sie meistens schon zusammen. Beim Singen zeigt man sehr viel von sich und selbst das, was man nicht zeigen mag, wie z. B. Hemmungen und Ängste, wird offensichtlich, deshalb ist man empfindlich und verletzbar. Aber darauf nimmt längst nicht jeder Rücksicht, im Gegenteil gibt es ja Mitmenschen, die es lieben, einen genau dahin zu piksen, wo es besonders wehtut. Andere sind einfach nur unachtsam oder … ehrlich. Egal mit welchem Hintergrund sie ausgesprochen wird: Schlechte Kritik hört sich niemand so richtig gerne an. Trotzdem kann sie für die gesangliche Entwicklung wichtig und hilfreich sein. Hier gilt es sehr fein abzuwägen: Was tut nur weh, bringt mich von meinem Weg ab oder verunsichert mich und was ist berechtigt und hilft mir voranzukommen, wenn ich es annehme?

Erst einmal sollte man herausfinden, ob die schlechte Kritik eine wohlmeinende oder eine gemeine Intention hat. Wie steht der Kritiker zu mir? Will er mich fördern, war er achtlos oder will er mir sogar aus Neid, Boshaftigkeit oder ähnlichem wehtun? Ein guter Gesangslehrer zum Beispiel hat immer das Wohl des Sängers im Blick, wenn er kritisiert, genauso wie wohlmeinende Freunde, Lehrer und Bekannte. Auch wenn es schwerfällt: Es ist wirklich sinnvoll, sich von solchen Menschen ein Feedback einzuholen. Und wohlmeinende Kritik bedeutet eben nicht, dass sie immer nur positiv ist. Auch harte Kritik kann manchmal hilfreich sein, wenn sie

---

17 Buchtipp: Frank Oldengott, Simon Dye, Vinícius: Vocal Performance Coach (Ppv Medien, 2009)

dich aufrüttelt und deinen Ehrgeiz anstachelt. Wie viel du von der Kritik im Endeffekt annimmst und umsetzt, ist natürlich ganz allein deine Sache.

Dabei ist ein wichtiger Aspekt vor allem in der Popmusik: Man kann es nicht jedem recht machen. Wer als Sänger versucht, allen zu gefallen, hat unter Umständen kein eigenes Profil mehr. Und wenn man sich für einen Weg entscheidet und seinen individuellen Ausdruck findet, wird es immer Leute geben, die das nicht anspricht. Auch jeder berühmte Sänger hat neben den vielen Fans Kritiker, die seinen Gesang nicht mögen. Je extremer eine Stimme ist, desto mehr polarisiert sie die Zuhörer. Außerdem gibt es häufig widersprüchliche Wahrnehmungen zu ein und derselben Stimme: Zum Beispiel kann jemand eine Stimme als hochemotional empfinden, die einem anderen aufgesetzt erscheint, mancher findet eine Stimme langweilig, die ein anderer als warm und schön beschreibt usw.

Es gibt kein Patentrezept, wie mit Kritik umzugehen ist. Ich habe z. B. einen Schüler, der in der Studioarbeit harter Kritik ausgesetzt war und dadurch einen sehr positiven Entwicklungsschub erlebte. Ein anderer Schüler ist aus einer Band ausgestiegen, weil von den Bandkollegen und der Plattenfirma nur mieses Feedback kam, erst danach fand er seinen Stil und wurde zufrieden mit seinem Gesang.

Sich Kritik und auch Konkurrenz zu stellen, dafür gibt es heutzutage jede Menge Möglichkeiten: Im Internet hochgeladene Videos werden bewertet und kommentiert (auch unautorisierte Handyfilmchen von Konzertbesuchern), in Castingshows geben Jurys und Millionen von Fernsehzuschauern Votings und Meinungen ab, Musikkritiker schreiben Artikel und Leute von Plattenfirmen sind auf der Suche nach dem neuesten Trend. Aus all den Rückmeldungen die wertvollen herauszufiltern, ist fast unmöglich. Umso wichtiger ist es, sich Meinungen und Hilfe von ausgesuchten Menschen zu holen, denen man vertrauen kann. Und die einen auch mal richtig loben, das ist ja auch ganz wichtig, und einem den Rücken stärken.

Man kann natürlich selber steuern, wie viel man sich in Situationen begibt, die stark von Konkurrenz und Bewertung geprägt sind, wie z. B. die Teilnahme an einer Castingshow. Für einige wenige Sänger ist sie ein Karrieresprungbrett oder zumindest eine gute Erfahrung, für ganz viele andere aber eine Riesenenttäuschung und im schlimmsten Fall ein beschämendes Erlebnis. Ich habe mit Kandidaten solcher Shows gesprochen und viele haben es als sehr schwierig empfunden, auf einmal mit Kritik und Kommentaren bombardiert zu werden. Eine Schülerin von mir war nach der TV-Ausstrahlung ihres Auftritts sogar einem regelrechten »Shitstorm«, also einem Ansturm von unsachlichen, verletzenden Kommentaren in Presse und Internet, ausgesetzt.

Außerdem finde ich den Gedanken irritierend, dass verschiedene Sänger mit unterschiedlichen Persönlichkeiten und Gesangsstilen einander »ausstechen«, anstatt friedlich nebeneinander zu koexistieren. Warum muss denn immer einer der Beste sein? Wettbewerbssituationen sind aber unter Umständen eine gute Möglichkeit zu lernen, mit Konkurrenz, Druck und Kritik umzugehen und sich selber einzuschätzen. Das kann ein Bandcontest sein, ein Singer-Slam (bei dem Sänger live in Clubs singen und das Publikum einen Sieger kürt), eine Session oder ein Wettbewerb wie »Jugend musiziert«, der sich seit einiger Zeit für die Popularmusik geöffnet hat.

Regelmäßige Kritik, Prüfungen und Benotungen erlebt man als Sänger auch dann, wenn man eine Gesangsausbildung an einer Hochschule oder einem Privatinstitut macht. Inzwischen gibt es dazu auch in Deutschland immer mehr Möglichkeiten (siehe auch S. 135ff., »Popgesang als Beruf«). Ein Studium kann eine tolle Möglichkeit sein, eine umfassende Musikausbildung zu erhalten, Businesskenntnisse zu bekommen, Mitmusiker zu finden und Kontakte zu knüpfen, aber ... wichtig ist meiner Meinung nach auch hier, dass es nicht nur um »gut« oder »schlecht« geht und einfach stimmtechnische Fähigkeiten gefördert und gefordert werden, sondern die Eigenheit und künstlerische Ausdruckskraft eines Sängers.

Egal wie ambitioniert ein Sänger ist, ob Hobbymusiker im stillen Kämmerchen oder Vollprofi mit CD-Veröffentlichungen und zahlreichen Konzerten, ein wichtiges Thema ist die Selbstkritik. Ein gesundes Maß davon hilft, sich immer mal wieder infrage zu stellen und weiterzuentwickeln. Meiner Erfahrung nach neigt nur ein kleiner Teil der Singenden zur Selbstüberschätzung. Das sind meistens Sänger, die sich selten einer Situation stellen, bei der sie kritisiert werden könnten. Wer also bis jetzt nur in seinem Wohnzimmer Konzerte für die besten Freunde gegeben hat und dabei über den grünen Klee gelobt wurde, der hält sich vielleicht für ganz toll und fällt aus allen Wolken, wenn er in einer »echten« Konzertsituation nicht so große Begeisterung erntet. Der weitaus größte Teil der Sänger neigt aber eher zur übersteigerten Selbstkritik, ja, einige machen sich regelrecht »fertig« und sind sich selbst der härteste Richter. Deshalb ist meiner Ansicht nach ein wichtiges Ziel des Singenübens, immer freier zu werden, Stärke zu gewinnen und den Mut zu finden, zur eigenen Stimme zu stehen. Außerdem ist es bei aller Selbstkritik auch ratsam, sich darüber klar zu werden, wie die eigenen Ziele und Wünsche aussehen (siehe Kapitel »Die Pole im Popgesang: deine Standortbestimmung«, S. 31ff.). Es kommen doch ganz verschiedene Kriterien zum Tragen, je nachdem, ob ich in einem Hobbychor singen oder eine Aufnahmeprüfung an einer Hochschule schaffen will, ob ich in erster Linie mir selber mit meinem Gesang eine Freude bereiten möchte oder eine Konzerttournee vorbereiten muss.

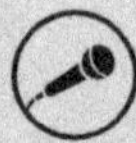

1) Du singst in erster Linie für dich selbst oder für Freunde, verdirbst dir aber das Singen manchmal mit zu viel Selbstkritik? Probiere doch mal aus, mit anderen in einem Chor, einer Band, einem Ensemble o.ä. gemeinsam zu musizieren oder nimm Gesangsunterricht.

2) Du singst in erster Linie für dich selbst oder für Freunde, möchtest aber mehr? Da hilft nichts, du musst raus auf die Bühne. Sing für andere und spiele deine Aufnahmen vor, tausch dich aus, finde Mitmusiker, gehe auf Sessions usw. Warte nicht darauf, dass dich jemand zufällig entdeckt.

3) Du möchtest dich entwickeln? Such dir drei wohlmeinende Freunde, Familienmitglieder oder Lehrer, die dir ein ehrliches Feedback zu deinem Gesang geben. Wo sehen sie deine Stärken, wo Entwicklungspotenzial, was solltest du lieber lassen?

4) Erinnere dich an Kritiken, die dich richtig hart getroffen haben. Welche Intention hatten die Kritiker? Wollten sie dich wohlwollend unterstützen oder dich verletzen? Welche davon verfolgen dich noch heute? Welche haben dir im Endeffekt geholfen? Du kannst ein kleines Ritual ausprobieren: Schreibe die gemeinen Kritiken, die dir auch bei ehrlicher Betrachtung nichts gebracht haben und die dich immer noch hemmen, auf einen Zettel und verabschiede dich bewusst davon, indem du das Papier verbrennst oder in tausend Stücke zerreißt und in den Müll wirfst.

5) Erinnere dich an Lob: Hat jemand schon mal etwas Positives zu deiner Stimme gesagt? Schreib drei Sätze auf, in denen du deine eigene Stimme lobst, z.B. »ich habe einen sympathischen Stimmklang«, »ich kann meinen Lieblingssong gut singen«, »meine Stimme klingt in der Höhe schön« usw.

6) Mit welcher Kritik boykottierst du dich immer wieder selber?

Auf dem falschen Weg:
Was wollen die anderen von dir und was willst du selber?

Wenn die Ziele und Wünsche eines Sängers mit dem übereinstimmen, was das Umfeld von ihm erwartet, dann ist das natürlich eine ideale Situation. Sind diese beiden Konzepte unterschiedlich, kann das für einen Sänger zum Problem werden. Die Bandkollegen wollen, dass der Gesang noch düsterer klingt, der Manager findet ihn zu unkommerziell, die Plattenfirma will, dass das zweite Album genauso klingt wie das erste, der Arbeitskollege findet die Stimme nicht rockig genug, der Studiotechniker findet sie zu kratzig, der Kumpel meckert an der Intonation herum ... Oder ein Sänger hat jahrelang in einer Top-40-Band gesungen und will jetzt endlich eigene Songs singen, ein naives Country-Girl ist reifer geworden, ein Rocker weicher oder eine Schlagersängerin jazziger. Egal ob Hobbysänger oder Profi – wer in so einem Dilemma steckt, sollte es erst einmal erkennen und analysieren, um sich dann zu fragen, ob er sich damit arrangieren kann oder etwas verändern sollte.

Manchmal hat man sich auch ganz ohne das Zutun anderer verfahren, weil man Angst hat, etwas zu verändern oder seinen Weg gar nicht mehr hinterfragt. Oder weil man zu sehr auf Erfolg, Geld oder Anerkennung fixiert ist.

Spätestens, wenn stimmliche, körperliche oder psychische Probleme auftauchen, von denen du ahnst, dass sie ihre Ursache darin haben, dass du gesanglich in eine falsche Richtung gedrückt wirst – oder dich selber bugsiert hast – oder dass du in Zusammenhängen verharrst, die dir nicht gut tun, ist es Zeit, die Situation genauer unter die Lupe zu nehmen. Oft werden Warnsignale lange überhört: Deine Stimme streikt, du fährst immer nur lustlos zum nächsten Auftritt, du entwickelst Ängste, bekommst plötzlich Atemprobleme, du fängst an, deine Stimme zu hassen. Das sind nur ein paar Beispiele aus ganz vielen möglichen individuellen Symptomen, die zeigen können, dass die aktuelle Singsituation belastend ist.

1) Schreibe auf, welche Träume du mit deinem Gesang verbindest: Möchtest du eigene Songs singen? Möchtest du einen neuen Stil probieren? Möchtest du berühmt werden? Möchtest du Gesang studieren? Möchtest du davon leben können? Möchtest du mal eine Band haben? Möchtest du auf der Bühne stehen? ... Egal an welchem Punkt du gerade stehst, Wünsche und Träume hat bestimmt jeder! Vielleicht hast du die Übung zur Standortbestimmung, S. 58f., gemacht und kannst sie zur Hilfe nehmen. Versuche dabei, nicht sofort jeden Wunsch mit der Realität abzugleichen. Diese Liste ist nur für dich!

2) Schreibe auf, wo du gerne in fünf Jahren mit deinem Gesang wärest. Wie weit kannst du – ganz realistisch – in so einem Zeitraum in Richtung deiner Träume gehen?

3) Welche Menschen in deiner Umgebung wollen etwas von dir und deinem Gesang? Und was genau? Versuche, die Motive genau zu benennen, z.B. »mein Gitarrist möchte, dass wir rockigere Musik machen«, »meine Plattenfirma möchte Geld mit mir verdienen«, »mein Mann möchte, dass ich weniger singe, damit ich mehr Zeit für ihn habe«, »meine Gesangslehrerin möchte, dass ich den Wettbewerb gewinne, um sich mit mir zu profilieren«, »meine Band möchte, dass alles so bleibt, wie es ist«, »meine Freundin ist neidisch auf mich«.

4) Kannst du dich mit den Wünschen der anderen arrangieren? Wo kannst du Kompromisse finden? Mit wem solltest du reinen Tisch machen? Gibt es Erwartungen, die du für dich nutzen kannst?

5) Gibt es auch Erwartungen von außen, die berechtigt sind? Hast du vielleicht Angst, dich zu verändern oder deinen Unzulänglichkeiten zu stellen? Wie wäre es, z.B. wirklich mal Gesangsunterricht zu nehmen, einen etwas anderen Stil auszuprobieren, sich auf der Bühne mehr zu bewegen o.ä.?

Ausdrucksstark singen

Den Kanal öffnen

Egal ob schüchtern oder extrovertiert, ob temperamentvoll oder ruhig: Jeder Mensch verfügt über ein unglaubliches Spektrum an verschiedenen Gefühlen. Sie können nur ganz leicht spürbar sein oder einen Menschen mit aller Macht überwältigen. Wir können sie verbergen, verdrängen oder anderen zeigen. Popsongs sollen über die Musik, den Gesang und den Text die verschiedenen menschlichen Gefühlsschattierungen vermitteln – vom banalsten Discosong, der Freude und Sorglosigkeit ausdrückt bis hin zur hochdramatischen Liebeskummerballade, vom entspannten Countrylied bis zum herausgebrüllten Hardcore-Tune. Selbst das Fehlen von Gefühl, wie z. B. bei dem Song *Die Roboter* von Kraftwerk, ist ein Statement.

Wie schaffe ich es als Sänger, dem Song den passenden Ausdruck zu verleihen und mit meiner Persönlichkeit und meinem Wesen zu verknüpfen? Irgendwie muss ich einen Weg finden, meinen ganz eigenen Gefühlsfundus anzuzapfen und in den Gesang einfließen zu lassen.

—

Ich nenne das »den Kanal öffnen«, also den Kanal vom Sänger zum Song oder noch besser den Kanal vom Sänger über den Song zum Zuhörer.

—

Eine wirklich essenzielle Beobachtung habe ich als Sängerin und Gesangslehrerin gemacht:

—

Wenn der Kanal geöffnet ist und der emotionale Ausdruck stimmt, dann lösen sich viele stimmtechnische Probleme von ganz alleine.

—

Vieles ordnet sich mit dem Anzapfen der Emotion: Auf einmal passt z. B. die Energie, hohe Töne und Lautstärke werden unangestrengter, die Stimme wird nuancenreicher, der Stimmsitz wird klarer, die Atmung reicht aus, Rhythmik und Intonation werden besser usw. Ausdrucksstarkes Singen ist zwar kein »Wundermittel« und wir können trotzdem noch an stimmliche Grenzen stoßen, aber es ist schon faszinierend, welche Wirkung das Öffnen des Kanales haben kann, wahrscheinlich, weil man dadurch die Stimme mit ihrer ursprünglichsten Funktion, nämlich dem Ausdrücken und Vermitteln von Gefühlen und Botschaften, verbindet.

Vor allem aber hilft das Öffnen des Kanals Sängern, sich mit ihrer eigenen Stimme mehr zu verbinden. Statt Gefühle nur zu imitieren oder die Stimme zu verstellen findet der Sänger zu seiner eigenen, authentischen Stimme.

In diesem Kapitel möchte ich viele Übungen vorstellen, die den Sänger dabei unterstützen. Ganz wichtige Grundvoraussetzung für alle diese Übungen ist, den kompletten Song auswendig singen zu können. Unsicherheiten und Blicke in die Noten bzw. den Text lenken ab. Wirklich jeder Ton und jedes Wort müssen parat sein, erst dann kann es losgehen. Das ist leider etwas, das von vielen Sängern beim Üben vergessen wird! Außerdem sollte der Text, wenn er in einer Fremdsprache geschrieben ist, vollständig übersetzt und soweit es geht verstanden werden – denn wie willst du einen Song ausdrucksstark singen, wenn du gar nicht richtig kapiert hast, worum es geht?

Experimentiere ein wenig mit den folgenden Übungen, um herauszufinden, welche für dich funktioniert. Meiner Erfahrung nach ist es dabei gut, die eigene Scheu zu überwinden und auch etwas zu versuchen, das einem zunächst blöd, sinnlos oder übertrieben vorkommt. Ob etwas wirkt oder nicht, kannst du erst dann wirklich beurteilen, wenn du es erfahren hast. Orientiere dich einfach daran, wie Kinder lernen: Sie probieren aus, imitieren und experimentieren. Das hat nichts mit krampfhaftem Büffeln, sondern ganz viel mit Lust zu tun (siehe auch S. 120 im Kapitel »Zur Stimmentwicklung«). Manche Übungen lassen sich gut miteinander kombinieren, aber achte darauf, nicht zu viel auf einmal zu probieren.

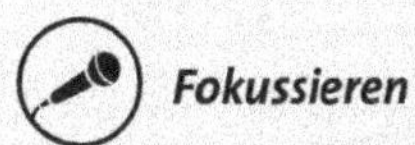

Fokussieren

Eine typische Szene beim Proben: Während der Pianist ein Intro spielt, kramen die anderen Musiker herum oder gucken ins Handy, der Sänger quatscht leise mit dem Gitarristen und greift dann schnell zum Mikro, um den ersten Ton zu singen – klarer Fall: Hier hat sich keiner auf den Song eingelassen, oder mit anderen Worten: fokussiert. Der Fokus ist der Punkt, auf den sich die Konzentration richtet. Um den Kanal zu öffnen ist es essenziell wichtig, die ganze Aufmerksamkeit, also Körper, Kopf und Herz auf den Song und seine Interpretation zu richten. Es gibt viele Ablenkungen, die unseren Fokus stören können: Gedanken, die nichts mit dem Song zu tun haben, Textunsicherheiten, Hunger ... genauso wie Herumhampeln bei ruhigen Passagen, Herumhängen bei energiegeladenen Songs, Reden in den Singpausen ... Alle hier nun folgenden Übungen (S. 75–90) können helfen, sich mehr auf den Song zu fokussieren, es gibt aber auch vorbereitende Übungen, die dazu beitragen, in einen konzentrierteren Zustand zu kommen.

1) Versuche, dir vor dem Üben/Proben oder bevor du auf die Bühne/ins Studio gehst, immer etwas Zeit zu nehmen. Vielleicht hast du ein paar Einsingübungen, die du gerne machst. Sie wärmen nicht nur die Stimme auf, sondern sind auch ein Ritual, das dich in einen fokussierten Zustand bringt. Vielleicht gehst du gerne noch etwas spazieren oder hast ein paar Körper- oder Atemübungen, die dir gut tun. Solche wiederkehrenden Vorbereitungen signalisieren Kopf und Körper, dass jetzt die Konzentration aufs Singen angesagt ist. Eine einfache Übung: Setze dich bequem hin, der Rücken ist aufgerichtet (Achtung: kein Hohlkreuz!). Atme tief ein – lass dir dabei Zeit –, dann atme auf einem langen »ffff« aus. Wiederhole diese Übung ein paar Mal und nimm wahr, wie sich der Körper beim Einatmen ausdehnt und diese Dehnung beim Ausatmen wieder nachlässt. Die Augen sind geschlossen oder auf einen Punkt in der Ferne gerichtet. Wenn du nicht möchtest, dass dich jemand stört, kannst du auch Noten oder eine Zeitung in die Hand nehmen und so tun, als ob du liest, stell die Augen dabei aber auf »unscharf«, so als würdest du vor dich hinträumen.

2) Stimme dich schon auf den Song ein, bevor der erste Ton erklingt. Versuche immer wenigstens ein paar Sekunden Vorlaufzeit zu haben, in der du dich in den jeweiligen körperlichen und geistigen Zustand versetzt. Also kurz vorher nicht reden, kramen oder die Einkaufsliste für den Supermarkt im Kopf durchgehen. Das gilt übrigens auch für Band/Chor/Begleitmusiker.

3) Bleibe während des Intros und während der Instrumentalteile in der Konzentration, das heißt, verzichte auch hier auf Sprechen und Ablenkung. Du kannst in solchen Momenten innerlich auf reines Zuhören umschalten und etwas in den Hintergrund treten, das bedeutet aber nicht, den Fokus zu verlieren. Beende den Song auch innerlich wirklich erst nach dem letzten Ton.

4) Sieh dir als Beispiel für gutes Fokussieren Spitzensportler an: Tennisspieler, die zwischen jedem Ballwechsel total konzentriert wirken, Hochspringer, die das Publikum zum Anfeuern animieren, Fußballer, die sich vor dem Spiel aufwärmen, Volleyballer, die sich mit Abklatsch- und Rufritualen in die richtige Stimmung bringen.

5) Sieh dir an, wie sich deine Lieblingssänger fokussieren: Was machen sie vor und nach dem Song, brauchen sie Ruhe oder den Kontakt zum Publikum, was passiert im Intro oder in Zwischenteilen?

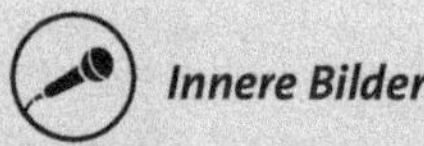

Innere Bilder

Eine sehr effektive Art, den Kanal zu öffnen, können innere Bilder sein, die man sich während des Singens vorstellt. Sie versetzen in eine gewisse Stimmung und erzeugen eine Intention, der dann Körper und Stimme auf passende Art und Weise folgen, ohne dass wir darüber nachdenken müssen. Viele Sänger basteln, wenn sie mit einem Ton unzufrieden sind, an einzelnen Körperkomponenten herum, also zum Beispiel an Atmung oder Artikulation. Das mag auch funktionieren, aber oft ist es hilfreich, entweder zusätzlich oder stattdessen, ein passendes inneres Bild zu aktivieren. Ein Beispiel: Ein Sänger singt den Song *You Raise Me Up* von der Band Westlife. In diesem hymnischen Liebeslied sind hohe, laute, energievolle Töne gefragt, die bei ihm aber leider etwas gequält und gepresst klingen. Der Sänger selber oder auch ein Coach könnten sicherlich einiges an der Gesangstechnik entdecken, was nicht stimmt, sonst klängen die Töne ja müheloser und freier. Eine weitere Möglichkeit wäre es, ein inneres Bild zu finden, um das Singen zu verbessern. Im Refrain heißt es: »You raise me up so I can stand on mountains« (»du erhebst mich, so dass ich auf Bergen stehen kann«). Was passiert, wenn der Sänger sich vorstellt, dass er auf einem hohen Berg steht, auf den er ganz mühelos getragen wurde, und über eine majestätische Berglandschaft blickt? Vielleicht verändern sich allein durch das Bild Atmung, Aufrichtung, Mimik usw. und die Stimme bekommt mehr Raum und Energie.

Meiner Erfahrung nach gibt es einige Menschen, die nicht gerne mit Vorstellungsbildern arbeiten, aber bei den meisten wirken sie sehr effektiv. Der Fantasie sind dabei keine Grenzen gesetzt, deshalb bieten meine Übungen auch nur Anregungen, die helfen sollen, die Vorstellungskraft zu aktivieren. Es gibt auf jeden Fall keine falschen oder richtigen inneren Bilder, sondern nur solche, die das bewirken, was wir uns wünschen und solche, die das nicht so gut vermögen. Bei ein und demselben Song hat jeder Sänger seine ganz individuellen Bilder und Geschichten im Kopf, es gibt also nicht die eine Geschichte oder das eine Bild zu einem Song, sondern unendlich viele.

1) Nimm dir einen Song, den du gerne singst und dessen Text du wirklich gut verstehst. Welche Erzählperspektive passt zu dem Song? Erzählst du etwas von dir selber oder von anderen? Singst du als du selbst oder schlüpfst du, fast wie in einem Theaterstück, eher in eine Rolle, verkörperst also während des Singens eine andere Person? Manchmal berührt der Song besonders, wenn er sehr authentisch aus der Ich-Perspektive gesungen wird, manchmal ist es leichter in die Gefühlsebene einzutauchen, wenn man den Schutz oder auch die Transformation durch eine Rolle hat.

2) Vielleicht gehst du auch lieber in den Hintergrund und siehst die Person(en), um die es im Song geht, eher als Film vor dir

(das geht übrigens auch, wenn in der Ich-Person gesprochen wird). Es ist fast so, als würdest du den Soundtrack zu einer Filmszene singen. Eine spannende Perspektive ist auch die Vorstellung, in einer Szene wie ein Unsichtbarer unbemerkt umherlaufen zu können. Obwohl diese Perspektiven etwas distanzierter sind, können sie gerade dadurch helfen, den Kanal zu öffnen, etwa wenn dir sonst die Emotionen des Songs zu sehr unter die Haut gehen.

3) Welche Bilder erscheinen in deinem Kopf? Wo bist du/deine Rolle/die Personen deiner Vorstellung? Wie spät ist es? Was siehst du, was riechst du? Welche Farben herrschen vor, wie ist das Wetter, wie das Licht? Wie sehen die anderen aus? Alles bis ins Detail auszuspinnen erscheint vielen zuerst merkwürdig, aber je klarer ein inneres Bild wird, desto einfacher ist es meistens, sich voll darauf einzulassen. Diffuse Bilder funktionieren oft auch nur diffus. Habe keine Angst, dich auf Details einzulassen, niemand nagelt dich darauf fest, du kannst ja jederzeit das Bild wieder verändern, wenn es nicht mehr passt.

4) Wirkungsvoll kann es auch sein, sich in Gedanken an unterschiedliche Orte zu versetzen: Wie fühlt es sich an, auf einer riesigen Bühne vor Tausenden von Zuhörern zu singen? Oder in einem kleinen rauchigen Club? In einer Kirche oder am Strand?

5) Wie möchtest du für den Song aussehen? Welche Kleidung kannst du dir in Gedanken anziehen? Bist du lässig oder gestylt? Möchtest du dich in eine andere Zeit oder ein anderes Land versetzen?

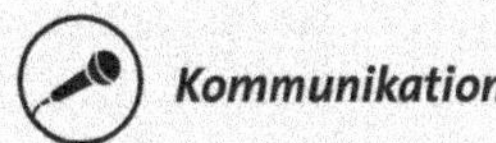

Kommunikation

Die Tatsache, dass Singen Kommunikation ist (vgl. S. 62ff.), kann man sich auch für das Öffnen des Kanals zunutze machen. Wenn man alleine oder im Studio singt, aber auch wenn das Publikum nicht hilfreich ist, weil es zu groß, zu klein, zu unaufmerksam, zu entfernt o. ä. ist, können imaginierte Kommunikationspartner den emotionalen Ausdruck verstärken.

1) Nimm dir einen Song, in dem direkt eine Person angesprochen wird. Um wen geht es, wie ist dein Verhältnis zu dieser Person? Mal dir den Menschen genau aus: Sein Alter, Aussehen, Kleidung, Gesichtsausdruck usw. Warum sprichst du ihn an und was hast du ihm zu sagen? Such dir einen Platz im Raum, wo du diesen Menschen positionierst. Sitzt er, steht er, ist er dir zu- oder abgewandt, sieht er dich an? Ist er nah oder weit weg? Was tust du? Bist du zu- oder abgewandt, wohin gehen deine Blicke? Stehst oder sitzt du? Gehst du, das heißt, veränderst du den Abstand zur Person während des Songs? Hier ist wieder viel Fantasie und Detail gefragt, damit das Bild wirklich eine verlässliche Hilfe ist.

2) Vielleicht findest du andere Songs mit Texten, die z. B. an eine Gruppe gerichtet sind, die du dir beim Singen vorstellen kannst (natürlich auch wieder möglichst detailliert). Oder dein Ansprechpartner ist nicht im Raum, sondern am Telefon, in einer anderen Stadt, ...

3) Es kann auch hilfreich sein, sich eine Person oder Gruppe als Zuhörer vorzustellen, die nichts direkt mit dem Songtext zu tun hat, die aber das passende Gefühl in dir hervorruft. Wenn du z. B. sexy klingen möchtest, kannst du dir vorstellen, dass dein Traummann/deine Traumfrau dir zuhört und dich bewundert; wenn du wütend klingen willst jemanden, dem du immer schon die Meinung sagen wolltest. Vielleicht stehst du in einem engen Studio und sollst eine energiegeladene Rockhymne singen, dann hilft es, sich grölende Massen vorzustellen. Oder du singst eine intime Ballade auf einer Stadtfest-Bühne und stellst dir ein kleines interessiertes Publikum vor, obwohl du eine Menge bierseliger Zufallszuschauer hast.

4) Hier eine Übung für Sänger, die zum »Overacting« neigen (engl. *to overact*: übertreiben), die also zu viel Gefühl ausdrücken und ans Publikum weitergeben wollen und dabei bemüht und angestrengt wirken: Stell dir beim Singen vor, dass du nur ein Kanal bist für das Gefühl des Songs, das durch dich hindurchfließt. Du musst also gar nicht aktiv etwas ans Publikum weitergeben, sondern kannst auf den Fluss vertrauen, der dann einsetzt, wenn du ein klares Gefühl zum Textinhalt hast.

5) Und hier noch eine Übung für Sänger, die mit ihrer Intention nicht genug ankommen, die also noch mehr Ausdruck, Artikulation, Mimik usw. brauchen können. Das kann für einen ganzen Song gelten, bei manchen Sängern geht es nur um bestimmte Passagen, z.B. leise gesungene Teile eines Songs. Sprich zuerst den Text und stell dir vor, du erzählst einem Publikum eine unglaublich spannende Geschichte, dabei kannst du für dein Gefühl ruhig übertreiben. Einigen hilft es, sich vorzustellen, auf einer großen Theaterbühne zu stehen, andere werden ausdrucksstärker, wenn sie sich eine Gruppe kleiner Kinder vorstellen, die ihnen wie gebannt zuhören. Versuche dann beim Singen die Intensität zu behalten. Prüfe eventuell im Spiegel oder mit Videoaufnahmen, ob der Ausdruck beim Singen genauso stark ist, wie beim Sprechen.

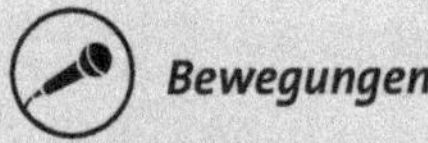

Bewegungen

Normalerweise reagieren unsere Körperhaltung, Mimik, Blicke, Atmung und Bewegungen auf unsere Gefühle. Ein Mensch mit großer Angst z.B. zieht seine Schultern und Augenbrauen hoch, reißt die Augen auf, alle Muskeln spannen sich an. Die Atmung wird flacher und schneller. Umgekehrt kann man die Körperreaktionen eines ängstlichen Menschen »nachspielen« und auf diese Art das Gefühl in sich hervorrufen. Diese Schauspieltechnik kann sehr effektiv sein, um beim Singen den Kanal zu öffnen.

Außerdem lässt sich durch Bewegungen die Haltung auflösen, die viele ganz unbewusst einnehmen, sobald sie singen. Es gibt Sänger, die sich angewöhnt haben, beim Singen von einem

Bein aufs andere zu wippen, andere bekommen einen bestimmten Gesichtsausdruck oder machen immer dieselbe Handbewegung. Wieder andere erstarren, schließen die Augen, stellen sich breitbeinig hin, schieben den Kopf nach vorne oder verschränken die Arme ... Diese festgefahrene Singhaltung hat meistens nichts mit dem emotionalen Inhalt eines Songs zu tun, sondern ist eher ein Ausdruck der inneren Haltung zum Singen, wie z. B. Unsicherheit, Angst oder festgehaltene Energie. Zudem werden stimmliche Schwierigkeiten häufig mit Körperspannungen kompensiert. Außerdem wird die Singhaltung durch Gewohnheiten und Angelerntes beeinflusst. Durch eventuell ungewohnte Körperbewegungen, die jedoch mit dem emotionalen Gehalt des Songs verknüpft sind, können sich Blockaden lösen, die vorher das Öffnen des Kanals verhindert haben. Der Körper reagiert jetzt weniger auf die Gefühle und Gedanken zum Singen selber und mehr auf die Songemotionen.

Diese Übungen sind nicht für die Bühne, sondern zum Ausprobieren zu Hause bzw. im Proberaum/Studio gedacht. Welche der Bewegungen dann mit in die Live-Performance einfließen sollen, ist Geschmackssache. Hat man beim Üben intensiv mit dem Körper gearbeitet, reicht es später häufig aus, sich an das Körpergefühl zu erinnern, um den Kanal wieder zu öffnen.

1) Nimm dir einen Song, den du gerne singst und dessen Text du wirklich gut verstehst. Versuche dir jetzt eine Person, die den Songtext spricht, genau vorzustellen. Was für eine Körperposition nimmt sie ein? Steht, sitzt, liegt, kniet, läuft sie? Ist ihre Körperspannung sehr hoch, ist sie entspannt oder ist ihr Körper schlaff? Was für Bewegungen macht sie, wie genau wirkt der Körper? Verändert sich der Körperausdruck im Laufe des Songs? Versuche, diese Körperspannungen, -bewegungen und -haltungen so genau wie möglich einzunehmen, mache alles so wie die Person in deiner Vorstellung. Denk dabei nicht an Performance, Schönheit oder Stimmtechnik sondern einzig und allein an den für dich passenden Körperausdruck zum Text.

2) Welche Mimik passt zum Song? Sprich den Text mit der für dich passenden Mimik, dabei kannst du ruhig etwas übertreiben, so als ständest du auf einer Theaterbühne, wo auch

der Zuschauer in der letzten Reihe deinen Gesichtsausdruck noch erkennen soll. Sing dann den Song und versuche, die Mimik beizubehalten. Hier kann es hilfreich sein, sich im Spiegel zu beobachten.

3) Versuche, für jede einzelne Aussage im Text eine passende Geste zu finden. Es geht nicht darum, eine schöne Choreografie zu entwickeln, sondern darum, Handbewegungen zu finden, die die Textaussage unterstützen. Singe den Song und führe dabei die Gesten aus. Vielleicht hilft dir die Vorstellung, dass du für einen Gehörlosen zwar nicht jedes Wort, aber jede Aussage mit einer Gebärde ausdrückst.

4) Was machen deine Augen beim Singen? Sind sie geöffnet oder geschlossen? Sind sie beweglich oder starr? Blinzelst du oder reißt du deine Augen auf? Wohin schaust du? Siehst du etwas oder blickst du quasi »in dich hinein«? Hier ist es ganz wichtig herauszufinden, was deine Augen ganz unbewusst, also fast automatisch machen. Welche Augenbewegungen, Blickrichtungen usw. stellst du dir im Gegensatz dazu bei der imaginierten Person in Übung 1) vor? Du kannst für den Song eine Art Augenchoreografie konzipieren und dir genau vornehmen, wann du die Augen schließt, wann du mit dem Blick in die Ferne schweifst, wann du etwas oder jemanden direkt anblickst, wann du den Blick abwendest oder ins Leere blickst, wann du die Augen weitest oder verengst ... Auch hier empfehle ich, ruhig ins Detail zu gehen, um ein ganz klares Bild zu haben, dem du dann folgen kannst.

5) Hier eine Übung, die helfen kann, eine festgefahrene Singhaltung aufzulösen: Stell dir vor, du hast einen Pinsel in der Hand und eine große Leinwand vor dir. Male beim Singen ein abstraktes Fantasiebild, das für dich zum Text passt. Alles ist erlaubt, von winzigen Punkten bis zum großen Pinselstrich, Kreise rechts oben oder Quader links unten, Wellen und Tupfen ... Dadurch entstehen Körperbewegungen, die dabei helfen, die emotionalen Zustände des Songs freizusetzen (z.B. Schwung, Verzagtheit, Ruhe, Nervosität etc.)

6) Beobachte, welche Bewegungen du beim Singen machst, die nichts mit dem Song zu tun haben: Gewichtsverlagerungen,

Schritte, Handpositionen, Kopfwackeln usw. Versuche, diese Bewegung durch eine einzige ganz klare Bewegung zu ersetzen. Vorschläge:

- durch den Raum gehen (je nach Song von Schlendern bis zum energischen Wandern)
- pro Satz einen imaginären Tennisball in Zeitlupe schlagen
- einen Ball von einer Hand in die andere werfen
- auf einer Stelle stehen und die Arme seitlich bis nach oben anheben und über die Mitte wieder nach unten führen

7) Versuche auch einmal, gar nichts zu bewegen. Finde dafür zuerst einen aufrechten Stand, der sich für dich angenehm anfühlt. Das Gewicht ist auf beide Füße gleichmäßig verteilt, die Füße sind etwa hüftbreit geöffnet, die Arme hängen locker. Probiere in dieser Position deinen Song ausdrucksstark zu singen und auf jegliche Bewegung zu verzichten. Es kann hilfreich sein, dich dabei im Spiegel zu beobachten, denn viele Bewegungen sind so automatisiert, dass wir sie tatsächlich nicht bemerken. Diese Übung ist manchen Sängern zu starr, bei anderen kann sie aber sehr befreiend wirken, weil sie eine große Klarheit und Konzentration bringt.

Text und Sprache

Der Zugang zur Sprache eines Songs beeinflusst das Öffnen des Kanals sehr stark. Es macht einen großen Unterschied, ob man in seiner Muttersprache einen Text singt, in einer später vielleicht nur teilweise erlernten Fremdsprache oder womöglich in einer vollkommen unbekannten Sprache. In der Muttersprache versteht man jedes Wort, hat am ehesten ein Gefühl für Betonungen und Nuancen, Subtexte wie z. B. Ironie sind erkennbar, genauso wie Wortwitz und Textspielereien. Man kann unterscheiden, ob die Sprachwahl eher umgangssprachlich oder gehoben, poetisch oder sachlich, klar oder kompliziert ist. Die Interpretation eines Fremdsprachentextes muss man sich meistens mehr erarbeiten, indem man den Text übersetzt, Wörterbücher zu Hilfe nimmt oder Leute befragt, die die Sprache gut beherrschen. Das ist mühsamer als das intuitive Erfassen in der

Muttersprache, aber wenn man über die Textinterpretation den Kanal öffnen möchte, ist es sinnvoll, einen fremdsprachlichen Text so gut zu verstehen, wie es nur geht.

Eine Sprache berührt aber durch mehr, als den bloßen Textinhalt. Als Singender assoziiert man damit z.B. Exotik, Heimat, Erinnerungen, bestimmte Menschen, ein Lebensgefühl, Melancholie, Temperament ... All diese Gefühle und Gedanken beeinflussen die Öffnung des Kanals. Wichtig ist auch, was der Textfluss und die Aussprache auslösen: Mag ich den Klang, fühlt er sich passend zum Song an? Geht mir die Sprache leicht von den Lippen? Ist die Sprache passend zum Stil? Es kann sein, dass ein Sänger in einer Fremdsprache den Kanal leichter öffnen kann, weil sie für ihn besser fließt, besser zum Song passt oder sich besser anfühlt als die Muttersprache.

1) Finde einen Song in deiner Muttersprache, den du gerne singst. Nimm dir eine überschaubare Textpassage, z.B. eine Strophe. Schreibe sie auf und setze Satzzeichen, damit du genau siehst, wann ein Satz zu Ende ist, wo es Nebensätze gibt usw. Lies dir die Sätze laut vor und finde den Satzrhythmus. Wo gibt es Betonungen? Mache das vollkommen unabhängig von den musikalischen Betonungen rein sprachlich. Welche Betonungen sind stärker, welche schwächer? Welches ist das wichtigste Wort pro Satz? Welches für die ganze Passage? Um die Übung klarer zu machen, habe ich einen kurzen Beispieltext geschrieben. Die Hauptbetonung pro Satz ist dick gedruckt, weitere Betonungen sind unterstrichen, das Kernwort ist dick und unterstrichen:

   Jeden Tag, wenn ich dein Haus sehe, **denke** ich an dich.
   Jeden einzelnen Tag der Woche denke ich an dich.
   Ich denke immer nur an dich, denn du bist **fort**, so weit weg an einem anderen Ort.

   Mit den gesetzten Betonungen beeinflusst du den Sinn des Textes, eine eigene Satzmelodie entsteht und macht das Gesprochene lebendig. Damit das sehr deutlich wird, kannst du die Stärke der Betonungen sogar noch weiter differenzieren und übertrieben deutlich vorlesen, so wie auf einer Theaterbühne. Bleibe mit der Satzmelodie bei Kommata oben und gehe erst bei einem Punkt nach unten. Mache das Kernwort besonders deutlich. Du kannst auch versuchen, eine Spannung zur jeweiligen Hauptbetonung pro Satz aufzubauen, die sich dann zum Punkt hin wieder löst.

Gehe erst dann wieder zum Singen über, wenn sich der gesprochene Text gut anhört und den gewünschten Inhalt transportiert. Wie verändern sich deine Aussage und dein Gesangsfluss? Wie weit stimmen die Melodie- und die Textbetonungen, das heißt die musikalischen und die sprachlichen Betonungen, überein?

2) Wenn du fremdsprachliche Songs singst, dann mach dieselbe Übung mit Songs deiner Wahl. Kläre dabei wirklich alle Unklarheiten in puncto Inhalt, Aussage und Aussprache.

3) Nimm dir den Text deines Songs vor wie ein Gedicht. Mit welchen Gefühlen verbindest du die Aussagen des Textes? Finde für die einzelnen Zeilen assoziative Wörter und Gefühlsbeschreibungen. In meinem Beispiel passt für mich zu Satz 1 »Seufzen, Ruhe, leichte Trauer, nachdenklich«, zu Satz 2 »Ungeduld, Staunen, Kopfschütteln, Trauer«, zu Satz 3 »Sehnsucht, Flehen, Klarheit, Resignation«. Versuche, für den ganzen Song eine Art Gefühlslandschaft zu finden. Wo sind Höhepunkte? Wo wird es ruhiger, wo aufgeregter? Wie ist der Spannungsverlauf des Songs? Je tiefer du in deinen Text eintauchst, desto differenzierter und klarer wird die Aussage.

4) Wenn du in einer Fremdsprache singst, kann es sinnvoll sein, bei einem muttersprachlichen Lehrer Unterricht zu nehmen und mit ihm deine Songtexte durchzugehen.

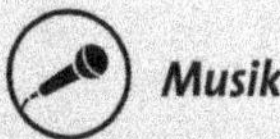

Musik

Die Musik gehört zu den stärksten Auslösern für das Öffnen des Kanals, denn Lautstärke, Rhythmus, Instrumentierung, Harmonien, Tempo usw. berühren uns und rufen Emotionen hervor. Musik wirkt auf uns zunächst unbewusst ein, doch durch die Beschäftigung mit ihr kann diese Wirkung vertieft und bewusster gemacht werden. Das Einlassen auf die Musik hilft, die Aussage des Songs besser zu verstehen und gleichzeitig Gedanken und Gefühle loszulassen, die für das Öffnen des Kanals ungünstig sind.

Spannend ist hierbei herauszufinden, ob Musik- und Textaussage Hand in Hand gehen oder ob die Musik eine ganz eigene Aussage hinzufügt und damit dem Text eine andere Note oder Wendung gibt. Ein fröhlicher Text bekommt in einem traurigen musikalischen Gewand vielleicht eine melancholische Seite, eine traurige Aussage in einem lustigen Poparrangement eine ironische, ein sensibel-poetisches Gedicht in einem Rocksong eine coole.

Wie wir den emotionalen Gehalt von Musik empfinden, ist natürlich auch ganz stark mit persönlichen Prägungen wie z. B. Geschmack gekoppelt. Es kann sein, dass ein Song, der ruhig und entspannt dahinfließt, bei jemandem Ablehnung und damit eine negative Spannung hervorruft, weil er die Musik nicht mag. Einer kann sich bei harter Punkmusik bestens erfreuen und abreagieren, die einen anderen nervös und aggressiv macht. Es gibt also nicht nur eine allgemeingültige Gefühlsaussage eines Songs, sondern auch eine sehr individuelle, die stark mit beeinflusst, ob sich der Kanal öffnet.

1) Nimm dir einen Song, den du gerne singst, und höre dir nur die Musik an: Ist der Song eher langsam oder eher schnell? Wie fühlt sich der Rhythmus an: ruhig, beschwingt, treibend, unklar, aggressiv, müde ...? Klingt der Song laut oder eher leise? Verändert sich die Dynamik innerhalb des Songs? Klingen die Harmonien fröhlich, traurig, schräg, gerade ...? Spielen viele Instrumente oder wenige? Welche Instrumente hörst du und was verbindest du mit dem jeweiligen Klang (z. B. verzerrte E-Gitarre = Aggression)? Ist der Sound eher klar oder eher rau? Scheint die Musik von virtuosen Musikern gespielt zu sein oder ist sie eher einfach? Hörst du viele echte Instrumente oder eher elektronische Klänge? Gibt es Stimmungswechsel oder bleibt die Stimmung durchgehend gleich?

   Kannst du beschreiben, welches Grundgefühl die Musik wohl vermitteln soll? Löst sie bei dir auch dieses Gefühl aus? Mischen sich andere Gefühle mit hinein?

   Singe den Song und bleibe mit deiner Wahrnehmung bei der Musik.

2) Vergleiche jetzt den Text mit der Musik: Passen die emotionalen Aussagen zusammen oder gibt es Differenzen? Verstärkt die Musik die Aussage des Textes oder verändert sie sie? Welche neue Komponente bringt die Musik zum Text und umgekehrt? Wie verändert sich dein Gesang dadurch?

3) Nimm dir jetzt nur die Gesangsmelodie vor: Ist ihre Rhythmik ähnlich wie die der Instrumente (also z.B. schnell und treibend oder ruhig und wiegend) oder unterscheidet sie sich davon (z.B. lange Melodietöne über einem schnellen Rhythmus oder treibender Gesangsrhythmus über ruhiger Musik)? Wie wirken Gesangs- und Instrumentalrhythmus zusammen? Gibt es melodische Bögen? Hat die Melodie Höhepunkte? Kannst du den absoluten musikalischen Höhepunkt des Songs herausfinden? Wo baut sich Spannung auf, wo wieder ab? Wo gibt es Pausen? Wo ist es laut, wo leise, wie bewegt ist die Dynamik? Wie groß ist der Tonumfang? Scheint die Melodie eher eintönig oder bewegt?

   Singe den Song und bleibe mit deiner Wahrnehmung bei der Melodie, gestalte sie nach den Kriterien, die Du vorher herausgefunden hast.

4) Wie passt die Melodie zum Textinhalt? Wo unterstreicht die musikalische Aussage der Gesangsmelodie die Aussage des Textes, wo gibt es Differenzen?

Songwriting

Nicht jeder Sänger ist auch ein Songwriter. Viele Stars singen nur Fremdkompositionen und tun dies sehr ausdrucksstark. Einen Song zu singen, den man selber geschrieben hat oder an dessen Gestaltung man beteiligt war, ist aber dennoch für eine Menge Sänger die beste Möglichkeit, den Kanal zu öffnen. Wer einen kreativen Funken in sich spürt und »songschreiberisch« zündet, der erlebt schnell, dass es einen ganz besonderen Zugang zu den eigenen Songs gibt, der nicht mit dem Gefühl beim Nachsingen zu vergleichen ist. Textinhalte, Melodiebögen, Arrangement etc. sind selbstkreiert und können ganz individuell gestaltet und mit einem persönlichen Ausdruck versehen werden, der nicht von jemand anderem schon einmal »vorgemacht« wurde. Man muss sich von keinem gesanglichen Vorbild lösen, um eigen zu sein.

Es gibt verschiedene Möglichkeiten, selber kreativ zu werden. Natürlich kann man einen Song von vorne bis hinten selber schreiben und arrangieren. Daneben finden sich aber auch viele Arten der Zusammenarbeit mit anderen: Man kann zusammen Songs im Proberaum oder Studio schreiben, Musik vertexten, Texte vertonen, Melodien und Texte zu bestehenden Songideen schreiben, Fragmente und Ideen weitergeben und bearbeiten usw. Es ist z. B. auch möglich, einen bekannten Song so umzugestalten, dass sich die Stilistik und Gesangsart verändert (so macht die Band Dirty Loops aus dem Song *Baby* von Justin Bieber ein Fusion[18]-Stück oder Jamie Cullum aus *Don't Stop the Music* von Rihanna einen Jazzsong).

Ich kann an dieser Stelle keine Kurzanleitung zum Songwriting liefern, dafür ist das Thema zu umfassend. Ich möchte aber ein paar Anregungen geben, wie man ohne große Hilfe einen kleinen Sonwriting-Kick bekommen kann. Das Allerwichtigste: Versuche, soweit es dir möglich ist, dich von Bewertungen (zu langweilig, zu schlecht, zu einfach ...) frei zu machen. Sie sind der Kreativitäts-Killer Nr. 1. Es geht nicht darum, einen Hit zu schreiben und ihn den Massen zu präsentieren, sondern darum, etwas für dich auszuprobieren und zu entdecken!

1) Suche dir das Playback eines Songs (z. B. im Musikalienhandel, in der Bücherei oder auf bekannten legalen Download-Plattformen), den du nicht kennst. Versuche drei eigene Gesangsmelodien dazu zu erfinden.

   Nimm die Melodie, die dir am besten gefällt und schreibe dazu einen Text über das Thema, das dich im Augenblick am meisten beschäftigt.

---

18 engl. *fusion*: Verschmelzung; ein Musikstil (auch Jazzrock genannt), der Jazz, Funk und Rock miteinander verbindet

2) Schreib ein kleines Gedicht von vier Zeilen. Das Thema ist ganz egal, aber versuche, Zeile 1 mit Zeile 2 und Zeile 3 mit Zeile 4 zu reimen. Finde drei verschiedene Melodien für das Gedicht, eine ganz langsame, eine mittelschnelle und eine sehr schnelle.

3) Entwirf dir ein immer wiederkehrendes Schema von 4 aufeinanderfolgenden Akkorden, auch Pattern genannt (engl. *pattern*: Muster). Vielleicht spielst du selber ein Harmonieinstrument wie Gitarre oder Klavier oder du findest einen Bekannten, der für dich so ein Pattern spielt. Es gibt auch Songs, die nur aus vier Akkorden bestehen, wie z. B. *What's Up?* von 4 Non Blondes, *Hot N Cold* von Katy Perry, *Don't Worry, Be Happy* von Bobby McFerrin oder *Stand By Me* von Ben E. King. Von all diesen Titeln kannst du Karaoke-Versionen bekommen. Mache jetzt Deinen eigenen Song daraus, indem Du eine Melodie findest. Dabei sind vier Durchgänge des Patterns die Strophe und vier dann der Refrain. Im nächsten Schritt kannst du einen Text für deine Melodie erfinden. Versuche in der Strophe eine kleine Geschichte zu erzählen und im Refrain eine klare Textaussage zu finden, die du wiederholst. In den o. g. Songs ist dieses Schema sehr gut zu erkennen.

Improvisation

Bei dem Wort »Improvisation« zucken viele Sänger zusammen, denn für sie ist dieser Begriff sehr angstbesetzt. Improvisieren bedeutet, sich von den festen Vorgaben einer Melodie zu lösen und spontan etwas Neues zu singen. Improvisationen entstehen im Moment, man verlässt das sichere Gerüst des Vorgeplanten und Bekannten. Das, was solche Angst macht, ist aber auch eine große Chance. Wer sich traut, locker drauflos zu improvisieren ist freier als jemand, der sich nur in einer starren Form bewegen kann. Das Wagnis, Melodien zu verändern und mit der Stimme zu spielen transportiert den Sänger außerdem automatisch ins »Hier und Jetzt« und mitten ins Musikmachen hinein. Diese innere Freiheit und Gegenwärtigkeit ist eine enorme Hilfe beim Öffnen des Kanals.

Selbst wenn du auf der Bühne niemals einen Ton improvisieren würdest, kann es sehr befreiend sein, beim Üben mal das Korsett der festgelegten Melodie zu verlassen und drauflos zu experimentieren. Improvisation ist ein guter Weg, deine eigene Interpretation eines Songs zu finden, die vielleicht von der Vorgabe abweicht, aber dafür besser zu dir passt. Außerdem ist sie eine tolle Hilfe beim Songwriting und die einzige Möglichkeit beim freien Musikmachen, wie z. B. einer Session im Proberaum, mitzumischen.

Wie bei den Songwriting-Übungen gilt auch hier: Versuche, so weit es dir möglich ist, dich von Bewertungen (zu langweilig, zu schlecht, zu schief …) frei zu machen. Es geht nicht darum, eine bühnenreife Leistung abzuliefern, sondern etwas auszuprobieren und freier zu werden.

1) Nimm dir das Playback eines Songs, den du nicht kennst. Vielleicht findest du etwas Einfaches mit nicht zu vielen Harmoniewechseln und Parts, das kann z. B. einer der 4-Akkorde-Songs aus der letzten Übung (Songwriting, Übung Nr. 3, S. 87) oder ein einfacher Blues sein. Spiel dieses Playback immer wieder ab und sing, was dir gerade einfällt. Wenn dir das zu frei ist, kannst du dir vorher Silben (wie z. B. »uh«, »yeah«, »ou«) überlegen, die du dann singst. Bekommst du dabei großen Stress, versuche deine Improvisation »nebenbei« zu machen, z. B. beim Spülen, beim Tanzen, beim Spazierengehen …

2) Singe über das Playback kleine einfache Motive von höchstens drei bis vier Tönen. Singe mal tief, mal höher, probiere verschiedene Lautstärken.

3) Sing danach weiter kleine einfache Motive und versuche dabei, das nächste Motiv immer mit dem Endton des vorherigen zu beginnen.

4) Vielleicht findest du einen Mitsänger mit dem du »Call & Response« machen kannst: Du singst ein Motiv, der andere singt das Motiv nach. Dann singt dein Partner ein Motiv und du singst nach usw.

5) Schreib ein paar Textzeilen auf und singe sie in verschiedenen Varianten über das Playback.

6) Nimm dir die Aufnahme eines Songs den du gerne magst, versuche kleine »Fills« zu singen, also Einwürfe zwischen einzelne Textzeilen. Hier kannst du wieder, wie oben, Silben benutzen oder Textfragmente aus dem Leadgesang wiederholen. Auch Instrumentalparts wie Intros oder Soli geben Raum für kleine Improvisationsfills.

7) Nimm dir das Playback eines Songs, den du gerne singst und versuche, die Gesangsmelodie zu verändern. Der gesungene Text bleibt gleich, aber Tonhöhe und Rhythmik können sich verändern.

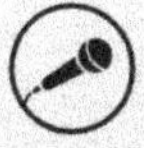

Imitation und Stimmklänge

Für die Öffnung des Kanals kann es hilfreich sein, einen überzeugenden Sänger zu imitieren. Spannend dabei ist, das nachzuahmen, was seine Stimme emotional macht: Bestimmte Stimmklänge, Aussprache, Sounds wie Kiekser, Hauch oder Kratzen, Dynamik usw., aber auch die Attitüde beim Singen. Das Ziel ist natürlich nicht, zu einer Kopie des Originals zu werden, sondern seinen eigenen Ausdruck zu finden. Aber die Imitation kann inspirierend wirken und Ideen bringen, auf die man selber nicht gekommen wäre.

Mit Stimmklängen ist es genauso wie mit den Bewegungen: Normalerweise kommt zuerst die Emotion, die dann vom Körper und der Stimme ausgedrückt wird. Nehmen wir nochmal das Beispiel aus dem Abschnitt »Bewegungen« im Kapitel »Den Kanal öffnen« (S. 78 ff.): Ein Mensch mit großer Angst zeigt, wie oben beschrieben, bestimmte Körperreaktionen. Seine Stimme wird beim Sprechen wahrscheinlich eher leise und zittrig sein, kurze stoßweise gesprochene Silben werden unregelmäßig von kleinen Einatmern unterbrochen. Dreht man als Sänger das Ganze dann um, kann man wiederum durch Körperspannungen und -bewegungen und eine Stimmgebung, die große Angst ausdrückt, das Gefühl in sich hervorrufen. Wer also überzeugende Stimmen imitiert oder auch Stimmklänge in den Gesang einbaut, die zur Songemotion passen, kann sich damit in den entsprechenden Gefühlszustand hineinversetzen und dadurch den Kanal öffnen.

Hier ist es wichtig, genau wahrzunehmen, ob wirklich deine Emotionen angeregt und transportiert werden, ob also Herz und Bauch mit im Spiel sind, oder ob du in der bloßen Imitation oder einer Stimmklangproduktion stecken bleibst.

1) Such dir einen Sänger, den du magst und dessen Stimme deiner eigenen nahekommt. Singe Songs von ihm und versuche, seinen Gesangsstil sehr genau zu imitieren. Achte dabei auf den Stimmklang, die Dynamik, auf Geräusche und Atmung, auf die Aussprache, stimmliche Eigenheiten usw. Wenn du Videoaufnahmen von Liveauftritten findest, kannst du auch Bewegungen, Blicke, Gesten usw. zu deiner Imitations-Interpretation dazu nehmen. Hilft dir das, die Emotionen des Songs auszudrücken? Wie verändert sich die Interpretation, wenn du wieder aufhörst, zu imitieren?

2) Such dir einen Sänger, den du magst, dessen Stimme aber ganz anders ist als deine. Mach dasselbe wie in Übung 1).

3) Nimm dir einen Song, den du magst. Sprich den Text und suche Stimmklänge, die zur Textemotion passen (z. B. eine hauchige Stimme zu Zärtlichkeit, kratziges Schreien zu Wut, Schluchzen zu starker Traurigkeit). Versuche, solche Klänge in den Gesang mit hineinzunehmen.

4) Suche dir dann Songs mit einer ähnlichen Aussage und finde heraus, welche Stimmklänge andere Sänger in den Gesang einbauen, um das Songgefühl auszudrücken. Probiere beim Singen aus, ob solche Klänge auch in die Interpretation deines Songs passen könnten.

Emotionaler Ausdruck und Bühnenperformance

Viele der hier vorgestellten Übungen sind nicht wirklich bühnentauglich. Das ist dann auch der größte Einwand, den Sänger haben: »Aber das kann ich doch so nicht auf der Bühne machen!« Das, was ich zu Hause oder im Proberaum erfahren und dann verinnerlicht habe, auf die Bühne zu bringen, ist ja auch der zweite Schritt. Zuerst kannst du in einem geschützten Raum experimentieren, Fehler machen, übers Ziel hinausschießen, komische Sachen ausprobieren usw. Hier findest du heraus, welche Herangehensweise für welchen Song funktioniert und wie du ganz individuell deinen Kanal am besten öffnen kann.

> Hast du es geschafft, einen Song mit Hilfe der Übungen ausdrucksstärker zu singen, werden diese Erfahrungen von deinem Kopf, deinem Körper und deinem Herz abgespeichert und es gelingt dir danach meistens auch ganz ohne oder zumindest mit einer reduzierten Übung.

Jetzt kannst du überlegen, was du mit auf die Bühne nimmst. Am einfachsten ist es natürlich, wenn du den Bühnenauftritt selber gestaltest. So kannst du Teile der Übungen, z. B. bestimmte Bewegungen, in die Bühnenperformance mit einflechten. Wenn du Show-Vorgaben erfüllen musst, ist der Transfer eine größere Herausforderung. Auf jeden Fall ist es hilfreich, auch die Bühnensituation zu proben, um herauszufinden, welche Übungen übertragbar sind und welche eher nicht.

Gibt es zu viel Gefühlsausdruck beim Singen?

Es kann vorkommen, dass ein Sänger »overactet«, also die Emotionalität übertreibt und dadurch stimmlich aus der Balance kommt oder die Aufmerksamkeit der Zuhörer verliert. Oft will er dann zu viel nach außen tragen, anstatt sich darauf zu verlassen, dass die Aussage auch dann ankommt, wenn er sie nicht mit aller Kraft aus*drückt*. Als Beispiel hierfür der Song *Without You*, mit dem Harry Nilsson 1971 einen großen Hit hatte, und der 1994, gesungen von Mariah Carey, noch einmal weltweit in die Charts kam. Im Refrain heißt es: »I can't live, if living is without you, I can't give, I can't give anymore« (»Ich kann nicht leben, wenn das Leben ohne dich ist, ich kann nichts geben, ich kann nichts mehr geben.«). Wow, das ist absolute Verzweiflung! Je nach Geschmack, Typ und Stilistik kann man jetzt das volle Drama in den Refrain legen und die Verzweiflung ausleben oder eher zurückhaltend bleiben und dem Text gerade dadurch eine subtile Kraft oder sogar Coolness verleihen. Carey als amerikanische Souldiva geht in die Show-Drama-Ecke, ein Singer/Songwriter würde vielleicht etwas zurückhaltend-depressiver leiden, der Sänger einer Düster-Rock-Version des Songs wahrscheinlich die Verzweiflung mit einer Menge Wut würzen. Die nahezu suizidale Aussage wird aber nicht weniger intensiv, wenn man sie zurückgenommen oder wütend interpretiert, das heißt, es ist nicht weniger Gefühl, sondern nur eine andere Art, es zu zeigen! Klarer wird das, wenn man sich zwei Schauspieler in zwei verschiedenen Filmen vorstellt, die diesen Satz sagen. Einer schreit und schluchzt ihn in einer hochdramatischen Szene, der andere spricht ihn ganz ruhig und gefasst – beide Interpretationen können im richtigen Moment absolut packen.

Meiner Erfahrung nach gibt es bei Sängern zwei Grundtypen: Einmal die, die dazu neigen, immer ein bisschen zu viel zu machen und deren Ausdruckskraft sich dann besonders entfaltet, wenn sie sich etwas zurücknehmen. Und auf der anderen Seite diejenigen, deren Ausdruck erst dann richtig aufblüht, wenn sie ihn bewusst verstärken oder für ihr Gefühl vielleicht sogar übertreiben.

Oft gibt es auch anstatt zu viel eher den unpassenden Gefühlsausdruck für einen Song. Als Beispiel hierfür habe ich noch einen Song zum Thema »Liebeskummer« herausgesucht, ein gern beschriebener Gemütszustand in Popsongs, vielleicht, weil er sehr intensiv sein kann und viele Nuancen von Wut, Verzweiflung und Trauer bis hin zu Hoffnung und Liebe beinhaltet. In dem Lied *Someone Like You* von Adele spricht die Sängerin mit ihrem Ex, den sie immer noch liebt und der inzwischen mit einer anderen verheiratet ist. Dieser Song wird sehr gerne gecovert, und viele singen ihn mit einer Art durchgehendem Pathos und Leid. Wenn man nachfragt, haben sich die Sänger oft kaum Gedanken gemacht, wovon der Song handelt, vielen reicht es zu wissen, dass es »irgendwie« um Liebeskummer geht. Dabei gehen wichtige Nuancen des Textes vollkommen verloren: Die Sängerin wünscht dem Ex-Freund und seiner neuen Frau nur das Beste, sie ist versöhnlich, empfindet keine Rache und zeigt damit viel Stärke und Liebe, die Grundhaltung ist also gar nicht schwach und weinerlich.

Ungünstig ist es, wenn ein Sänger im Moment des Singens eines solchen Songs wirklich Liebeskummer hat, das aktuelle echte Gefühl zu stark und der Gesang dadurch überdeckt wird. In einer Übungssituation macht es nichts oder kann sogar hilfreich sein, wenn »die Dämme brechen« – wer sich getraut hat, bei einem Liebeskummersong zu Hause die Tränen fließen zu lassen, der findet danach meistens leichter immer wieder den Zugang zu diesem Gefühl. Auf der Bühne oder im Studio aber kann dieses

»echte« Gefühl hingegen unprofessionell oder peinlich wirken. Wenn sich der Sänger als Gefühls-Vermittler von seinen Emotionen überwältigen lässt, gibt er die Interpretation aus der Hand.

Die Emotionen anzuzapfen, sie aber dennoch im Griff zu haben, ist eine der größten Herausforderungen beim Singen. Einer der wenigen Songs, in dem ein Sänger hörbar wirklich weint und darüber aufhört zu singen, ist eine Version des Titels *Sehnsucht* von Purple Schulz.

»Unpassende« Gefühle sind auch solche, die mit dem eigentlichen Song nichts zu tun haben. Wenn ich beim Singen noch mit dem Alltagsstress beschäftigt bin, Angst vorm hohen Ton im Refrain habe oder mir Sorgen mache, dass dem Gitarristen meine Intonation wieder nicht passt, dann geht das natürlich auf Kosten des Ausdrucks. Es kann auch vorkommen, dass ein Sänger in einer persönlichen Krise oder Entwicklung steckt, die jede Songinterpretation einfärbt. Das passt dann zu bestimmten Songs, zu anderen wiederum gar nicht. Natürlich kann man seine Gefühle nicht einfach abschalten, aber es ist möglich zu lernen, z. B. durch die Übungen, sich mehr auf die Songemotionen zu konzentrieren und die anderen Gefühle dadurch in den Hintergrund zu stellen.

Vorgetäuschte Gefühle

Ein interessantes Thema, denn eigentlich täuschen Sänger, ebenso wie Schauspieler, viele Gefühle ja nur vor, weil sie zum Beispiel etwas Trauriges singen, obwohl sie eben noch hinter der Bühne bestens gelaunt herumgescherzt haben. Dennoch empfinden wir sie als glaubwürdig ... oder eben nicht. Scheinbar haben wir als Zuhörer ein Gespür dafür, ob ein Sänger nur »so tut« oder ob er wirklich gerade den Kanal geöffnet hat und aus dem Herzen (oder dem Bauch oder wie immer man es nennen mag) singt.

Manchem Sänger gelingt das einfach so und ohne bewusstes Zutun. Bei diesen Interpreten ist der Kanal geöffnet, sobald sie anfangen zu singen. Andere haben sich darauf spezialisiert, durch bestimmte Stimmklänge und das Abrufen von »Stimmgimmicks« (engl. *gimmick*: Kniff, Trick, Kunstgriff) wie Haucher, Kiekser etc., aber auch durch Blicke, Gesten und Bewegungen Emotionalität vorzutäuschen. Das kann ein Teenager-Mädchen sein, das seine Lieblingssängerin nachahmt, ohne einen Schimmer davon zu haben, worum es im Song geht, oder auch ein Vollprofi, der sich das Singen im Laufe der Jahre »bequem« gemacht hat und eigentlich nichts mehr dabei fühlt.

Allerdings ist es hilfreich, auf ein scheinbar emotionales Stimm- und Bewegungsrepertoire zurückgreifen zu können, mit dem man immer noch gut singt, obwohl der Kanal verschlossen ist. Wenn es einem körperlich oder seelisch schlecht geht, die Bühnensituation sehr unangenehm ist, das Lampenfieber einen übermannt oder ähnliches, dann kann einen der »Autopilot« wirklich retten. Trotzdem beglückt und erfüllt das wirklich emotionale Singen doch Sänger und Publikum am meisten!

Muss man verrückt sein, um emotional singen zu können?

Diese Frage hat mir einmal eine Gesangsstudentin gestellt. Sie glaubte, viel zu langweilig und normal zu sein, um interessante Interpretationen abliefern zu können. Die Welt der bekannten Popsänger ist ja tatsächlich voll mit extremen Charakteren, Paradiesvögeln, Neurotikern, Narzissten, Drogenabhängigen, Exzentrikern ... Einige Sänger, wie z.B. Tina Turner oder Ray Charles, haben dramatische Biografien mit glorreichen Höhen und traumatischen Tiefen. Vielleicht verfügen Menschen mit tiefgreifenden emotionalen Erlebnissen oder einer nicht der Durchschnittsnorm entsprechenden Persönlichkeit über ein besonders spannendes Ausdrucksrepertoire. Und vielleicht ist bei einigen Sängern dadurch der Kanal stärker geöffnet. Sie haben viel zu erzählen oder unter Umständen auch ein dringenderes Bedürfnis, sich und ihre Gefühle auszudrücken. Dennoch glaube ich, dass jeder Mensch ein einzigartiges und interessantes Gefühlsprofil hat. Es kann sehr berührend sein, einen Sänger zu hören, der entspannt und bei sich ist oder einen eher introvertierten Menschen, der zurückhaltend interpretiert, einen Menschen, der viel Liebe geben kann oder einen, in dessen Stimme Reinheit und Leichtigkeit schwingt. Ein Sänger muss nicht extrem oder zerrissen sein, um Tiefe zu haben.

Wo ist der Unterschied im emotionalen Ausdruck zwischen Schauspielern und Popsängern?

Die Frage ist berechtigt, denn beide stellen sich auf die Bühne oder ans Mikrofon und transportieren mit Hilfe einer Kunstform Inhalte und Gefühle. Beide begeben sich auf eine Ebene, in der sie nicht ihre aktuelle Gefühlslage demonstrieren, sondern Emotionen verkörpern, die zum Text bzw. Song passen. Auch Schauspieler benutzen Techniken und Hilfsmittel, um ihren Text glaubwürdig zu verkörpern. Ein ganz wichtiger Unterschied ist der, dass der Schauspieler eine Rolle hat, die er bedient. Bei einem Popsänger ist die Trennung zwischen seiner Rolle auf der Bühne und der realen Person längst nicht so klar zu vollziehen. Bei einigen Sängern hat man den Eindruck, dass es zwischen der Bühnenperson und dem »echten« Menschen keinen Unterschied gibt. Die Kleidung und Bewegungen bleiben gleich, die gleichen Meinungen werden vertreten, eigene Songs mit biografischem Hintergrund werden interpretiert. Andere haben sich eine Rolle kreiert, in die sie hineinschlüpfen, sobald sie öffentlich werden. Diese Rolle kann ganz offensichtlich sein, wie etwa die des geschminkten und kostümierten Leadsängers der finnischen Hard-Rock-Band Lordi (Gewinner des Eurovision Song Contests 2006), sie kann aber auch vom Publikum gar nicht als Rolle erkannt werden. Die Bühnenrolle wird dann unter Umständen mit der Realperson verwechselt. Zwischen den beiden Extremen, also dem total authentischen Sänger und der durchgeplanten Bühnenperson, gibt es alle erdenklichen Varianten. Wer zum Beispiel Nina Hagen in einer Talkshow erlebt, gewinnt den Eindruck, dass ihre exzentrische Bühnenrolle identisch mit ihrer realen Person ist. Ein anderer Sänger gibt vielleicht auf der Bühne den gut gelaunten chaotischen Hippie und ist in der Realität ein perfektionistischer Kontroll-Freak mit Hang zu Wutausbrüchen. Lady Gaga schafft es durch ihre Mimik und ihre Art zu sprechen – selbst in einem Interview gemeinsam mit ihren Eltern, gekleidet im typischen eleganten Schick einer New Yorkerin – irgendwie »gaga« zu wirken. Madonna wechselt ihren Stil bei jedem neuen Album und vermittelt dennoch das Bild einer authentischen Popsängerin.

Nicht nur bei prominenten Sängern gibt es den Unterschied zwischen Privat- und Bühnenperson. Viele erleben das Phänomen, beim Singen »ein anderer Mensch« zu werden. Das Singen erweckt dann Seiten, die normalerweise eher verborgen sind. Ein schüchterner Mensch wird beim Singen plötzlich extrovertiert, eine nüchterne Person zeigt starke Emotionen, ein sonst sanfter Charakter liebt es, beim Rock zu brüllen. So entsteht unter Umständen ganz ungeplant eine Bühnenperson.

Auf jeden Fall wird die Bühnenperson in den meisten Fällen vom Sänger selbst gesteuert und nicht, wie beim Schauspielen, von außen als Rolle vorgegeben. Und sie hat – mehr oder weniger – Überschneidungen mit der Privatperson. Jeder Sänger muss für sich selber herausfinden, mit wie viel Überschneidung er sich am wohlsten fühlt und wann der Gesang am überzeugendsten wird. Einer kann sich nicht vorstellen, emotional singen zu können, wenn er dabei nicht »er selber« sein darf, ein anderer blüht erst in einer klaren Rolle richtig auf und braucht die Verwandlung, um den Kanal öffnen zu können.

Ein ganz großer Unterschied im emotionalen Ausdruck zwischen der Schauspielerei und dem Gesang ist natürlich die Musik! Sie ist das emotionale Vehikel schlechthin und kann so stark wirken, dass es manchmal sogar egal ist, ob Sänger oder auch Publikum den Text verstehen oder nicht. Außerdem verwendet man als Sänger nicht den direkten stimmlichen Ausdruck, den man so eins zu eins auch in der Realität nutzt, also das Sprechen, Schluchzen, Schreien, Flüstern usw., sondern verwandelt seine Emotion in Gesang und lässt eher Anklänge an diese Ausdrucksformen in die Stimme einfließen. Dadurch transformiert man den direkten emotionalen Ausdruck in Musik. Popgesang unterscheidet sich hier oft sehr deutlich vom Kunstgesang, weil er näher am »ungesungenen« Stimmgebrauch ist. Im Gesang enthaltenes Schreien, Schluchzen, Flüstern, Krächzen, Hauchen usw. sind häufig zu hören und Teil des emotionalen Ausdrucks.

Stimme und Psyche: Warum emotional singen so schwer sein kann

Als Baby äußern wir jedes Gefühl noch ganz ungefiltert und direkt, doch mit dem Aufwachsen und Älterwerden lernen wir, unsere Gefühle zu erkennen und unsere Gefühlsäußerungen zu kontrollieren. Im Zusammenleben mit anderen und für uns selbst ist es auch durchaus sinnvoll, nicht jedem Gefühlsimpuls nachzugeben. Wir schlagen zum Beispiel nicht einfach zu, weil jemand uns wütend gemacht hat. Unserer Gesundheit ist es zuträglich, nicht direkt zur Schokolade zu greifen, bloß weil wir Lust auf Süßes haben. Und einen Feind, vor dem wir uns fürchten, beeindrucken wir wahrscheinlich eher, wenn wir Stärke demonstrieren und unsere Angst verbergen. Gefühlskontrolle ist also nicht unbedingt etwas Schlechtes.

Jede Kultur hat außerdem ihre eigenen Normen, die festlegen, welche Gefühle man zeigen darf und welche nicht. In unserer Kultur zum Beispiel sieht man sich in den Medien sehr gerne Menschen an, die starke Gefühle äußern: In der neuen Krankenhausserie geht es um Leben und Tod, bei der Reality-Soap flippt jemand aus, der neue »Superstar« ist im Freudentaumel, nach einem Bombenattentat erzählen erschütterte Menschen vor der Kamera … Im Alltagsleben ist häufig eher Coolness und nüchternes Auftreten gefragt, da möchte man nicht peinlich auffallen, für verrückt gehalten werden oder sich zu sehr »in die Karten« schauen lassen. Vielleicht ist da die Sensationsgier eine Art Kompensation. Gerade durch die starke Präsenz der Medien und eine Dauerfütterung auch mit erschütternden, beängstigenden und gewalttätigen Bildern müssen sich Menschen zudem einen Schutzfilter aneignen, der unempfindlicher und weniger emotionaler macht.

Auch in der Erziehung werden Gefühle reglementiert und Gefühlsäußerungen, bewusst und unbewusst, bestraft oder auch einfach nicht beachtet. So weinen Kleinkinder, die keine sichere Bindung zu ihren Eltern haben, nicht mehr laut oder nur wenig, wenn die Eltern längere Zeit den

Raum verlassen. Man erkennt, dass sie zwar Angst haben und sich alleingelassen fühlen, aber sie haben gelernt, dass es sowieso nichts nützt ihre Gefühle zu äußern, weil die Eltern das entweder ignorieren oder bestrafen. Wer in einer Familie aufwächst, in der gute Laune belohnt wird und Traurigkeit oder schlechte Laune nicht gern gesehen sind, der wird sich vielleicht angewöhnen, die »negativen« Gefühle zu verbergen. Wo Stille und Ruhe als Gefahr gesehen wird und immer Action ist, da wird ein Kind unter Umständen verlernen, mal ruhig und träumerisch zu sein. In einer ernsten, eher nüchternen Familie sind Toben und Albernheiten vielleicht nicht gerne gesehen. Man muss sich zusammenreißen, soll nicht stören, soll »normal« sein.

Und dann singen wir und wollen Gefühle aus uns herauslocken und offenbaren. Hier ist Emotionalität gefragt, man darf auffallen, soll vielleicht mal laut werden oder ruhig oder seltsam. Für einige ist das Singen dadurch ein regelrechtes Ventil, wo vieles erlaubt ist, was sonst nicht geht. Andere merken, dass sie ihre alltäglichen emotionalen Begrenzungen auch in den Gesang tragen, dass der Kanal verstopft ist, sie sich nicht trauen und es nicht schaffen, über ihren Schatten zu springen. Die Angst ist groß, sich lächerlich oder verletzbar zu machen. Durch den Gesang offenbaren wir uns, die Stimme transportiert Gefühle, gewährt dort Einblicke, wo wir gelernt haben, uns zu verbergen.

Manchmal haben wir Gefühle sogar vor uns selbst verborgen, sie sind dann verschüttet. Durch emotionales Singen treten wir mit den eigenen Gefühlen stärker in Kontakt, fangen an, uns selbst mehr zu fühlen – auch das macht Angst. Wir fürchten uns vor Trauer, Schmerzen und Unsicherheit, aber auch vor unserer eigenen Kraft, vor Wut, manchmal sogar davor, wie gut es uns gehen könnte ... Was, wenn sich der Kanal öffnet und ich die Gefühle nicht mehr kontrollieren kann? Wenn sie mich überschwemmen?

Einigen klingt das vielleicht zu dramatisch, doch diese Ängste und Hemmungen äußern sich in ganz konkreten Dingen: Eine einfache Bewegung, wie z. B. das Öffnen der Arme beim Singen fällt einem schwer oder ist einem »irgendwie« peinlich, man schafft es nicht, jemanden anzusehen, wenn man singt. Im Hals sitzt ein Kloß oder man nimmt eine verkrampfte Haltung an, sobald man singt. Man bekommt nicht genug Luft oder wird zittrig. Man schämt sich, weil es in dem einen Song um Liebe geht, man hat Angst in einem anderen traurigen loszuheulen. Die Songinterpretation bleibt hölzern oder ausdruckslos und langweilig, obwohl man doch so viel Gefühl hineinlegen wollte. Alleine singt man toll und emotional, sobald jemand zuhört, wird man schlecht. Oder die Hauptgedanken kreisen darum, ob man gerade alles richtig macht oder wie schlecht doch der hohe Ton geklungen hat. Oder man ist nur mit Stimmtechnik beschäftigt ... Ich könnte diese Beispielliste noch seitenweise weiterführen. Sie zeigt einige mögliche Symptome der Ängste und Hemmungen, die jeder von uns mehr oder weniger beim Singen empfindet.[19]

Von Gesangsschülern kenne ich viele Strategien, um Situationen auszuweichen, in denen es ans »Eingemachte«, also an die Gefühle geht. Beliebt ist das Hinterfragen und Rationalisieren von Übungen, bevor man sie ausprobiert hat. »Warum soll ich das tun? Was soll das denn bewirken?« Alles soll am besten erklärt und verbalisiert werden, statt es einfach selbst zu erfahren. Permanentes Kommentieren und Bewerten des eigenen Gesanges mit Worten und Gesten ist eine beliebte Art des Selbstboykotts, genauso wie Entschuldigungen oder auch ironische Bemerkungen und coole Sprüche. Ganz viel Reden – über den Song oder irgendetwas ganz anderes – lenkt vom Fühlen ab, genauso wie eine schlechte Vorbereitung und das Festhalten an Text und Noten.

Und trotzdem gibt es doch die tiefe Sehnsucht des Sängers danach, frei und offen emotional singen zu können, der unsere Ängste vor Emotionen, unsere ganze Prägung und unsere persönlichen Hemmungen gegenüberstehen. Ich kann nur empfehlen, geduldig zu sein und sich Zeit zu geben, um die Erfahrung zu machen, dass sich Ängste und Hemmungen überwinden lassen. Singen ist heilsam![20]

Versuche mit viel Zeit und Geduld, Hemmungen in kleinen Schritten abzubauen, statt beim Singen immer gegen die inneren Grenzen anzukämpfen und dich wegen deiner Unzulänglichkeiten zu beschimpfen.

Es ist spannend herauszufinden, ob du die vermeintlichen Hindernisse in deinen ganz persönlichen Stil mit einfließen lassen kannst.

---

19 ein Literaturtipp zu diesem Thema: Romeo Alavi Kia: Stimme. Spiegel meines Selbst. Ein Übungsbuch (J. Kamphausen Verlag, 5. Aufl., 2001)

20 zwei weitere spannende Bücher zum Thema Stimme und Psyche: Peter Elkus: The Telling Of Our Truths (Peter K Elkus, 2. Aufl., 2009; leider nur in Englisch erhältlich), Barbara Stühlmeyer und Gottfried Hoffmann: Stimme – Be-Stimmung (Verlag DeBehr, 2012)

Vielleicht verlangst du dir und deiner Stimme etwas ab, das nicht zu dir passt? Vielleicht ist deine Interpretation eines Songs introvertierter, ungehobelter, angespannter, melancholischer ... als das Original oder als das, was du im Kopf hast? Vielleicht kannst du mit einigen Begrenztheiten deiner Stimme Frieden schließen und sie zu einem Teil deines individuellen Sounds machen?

Gesundheit, Fitness, Drogen und Alkohol

Sänger zu sein, vorne zu stehen und das Publikum an der inneren Gefühlswelt teilhaben zu lassen, ist wunderbar und anstrengend zugleich. Quasi auf Knopfdruck soll man gefühlvoll singen, egal ob einem körperliche Beschwerden oder seelischer Kummer zu schaffen machen. Da ist es sehr verführerisch, sich den emotionalen Kick über Alkohol, Drogen oder Medikamente zu holen. Schmerzen, Hemmungen, Trauer und Ängste können auf diese Art bekämpft werden, der Kanal ist, zumindest subjektiv, schneller oder weiter geöffnet. Natürlich weiß jeder mit etwas gesundem Menschenverstand, dass das eine Sackgasse ist. Traurige Beispiele wie Amy Winehouse, Whitney Houston oder Michael Jackson zeigen das sehr eindrücklich. Und sie dokumentieren auch, dass diese großartigen Sänger in gesünderen, cleanen Phasen viel besser gesungen haben, als in den Absturzphasen. Das sind natürlich Extrembeispiele, aber wie sieht es aus mit dem Hobbysänger, der vor lauter Lampenfieber vor jedem Auftritt so viel Bier trinkt, dass er schon angetrunken ist, wenn er auf die Bühne geht? Oder dem Sänger, der glaubt, dass er nur »bekifft« emotional singen kann? Was ist mit dem, der sich einen »Fitmacher« einwirft, um energiegeladen rüberzukommen? Kleine »Hilfsmittel« zu benutzen ist gang und gäbe.

Der mühsamere, aber gesündere und nachhaltigere Weg ist es, sich selber besser kennenzulernen und wahrzunehmen. Man kann z. B. mit Yoga, Meditation, Kinesiologie oder autogenem Training lernen, Lampenfieber zu mildern, sich selbst zu beruhigen und besser vor unguten Energien zu schützen. Man kann seine Fitness und seinen Körpertonus durch Sport verbessern. Man kann auf Körpersignale wie Müdigkeit, Verspannung, Hunger, Durst etc. achten und für sich sorgen. Viele berühmte Sänger, die eine Suchtkarriere oder einen Zusammenbruch hinter sich haben, veränderten ihr Leben radikal und leben bewusster und gesünder – ihrer Stimme tut das keinen Abbruch, im Gegenteil, sie können so die Belastungen im Showbusiness viel besser aushalten.

Zur Stimmentwicklung

Vom Moment der Geburt an bis zu unserem Tod entwickelt und verändert sich unsere Stimme. Sie wächst mit uns heran und aus der hohen, engen Babystimme wird so allmählich die tiefere, voluminösere und ausdruckstärkere Stimme eines Erwachsenen. Doch nicht nur das Wachstum, auch andere körperliche Komponenten wie die Zusammensetzung der Hormone, der Stoffwechsel, Krankheiten usw. beeinflussen unsere Stimme. Ebenso wirkt sich der Zustand unserer Psyche auf die Stimme aus, denn Stimmungen, Gefühle, Krisen und Veränderungen schwingen in ihr mit. So erfährt die menschliche Stimme ein Leben lang Schwankungen und Wandel.

Auch unsere gesanglichen Fähigkeiten entwickeln sich mit dem Heranwachsen. Das musikalische Gehör und die Intonation, also das Singen auf der richtigen Tonhöhe, verbessern sich, die Stimmnutzung wird differenzierter. Wie stark das der Fall ist, hängt zum einen von der Begabung ab, zum anderen aber auch davon, wie ausgeprägt der Kontakt eines Kindes mit Musik ist, also wie viel Musik es hört und in Chören, in der Schule, zu Hause usw. selber macht. Das Singenlernen und -üben passiert bei den meisten zunächst gar nicht bewusst durch Gesangsunterricht, sondern durch das Hören und eigenständige Musizieren, also autodidaktisch. Eine Menge Popsänger bleiben bei dieser Methode des »Learning by Doing« und sind damit zufrieden und/oder erfolgreich.

Viele Sänger möchten aber irgendwann gerne ihren Gesang oder auch ihren Zugang zum Gesang durch Unterricht, Workshops, Lern-DVDs usw. verbessern oder verändern. Die einen haben einfach Lust, zu singen, wollen ihre Stimme besser kennenlernen oder nutzen das Singen zur Selbsterfahrung und persönlichen Entfaltung. Andere haben Ziele, wie zum Beispiel das Bestehen einer Aufnahmeprüfung oder die Vorbereitung auf Konzerte. Manche sind unzufrieden mit ihrer Stimme, bei manchen sollen Stimmstörungen behoben werden, andere haben sich mit ihrer Art zu singen festgefahren und wollen ihre Grenzen erweitern. Deshalb gehen sie in den aktiven Prozess der Stimmentwicklung und des Übens.

In diesem Kapitel werde ich keine konkreten Gesangsübungen, Atemtipps oder anatomische Details liefern. Wie schon im Vorwort gesagt, gibt es hierfür einige wirklich gute Methoden und die entsprechende Literatur dazu.[21] Vielmehr geht es mir um ein paar grundsätzlich wissenswerte

Dinge rund ums Lernen und Üben, denn ich habe festgestellt, dass viele Sänger zu wenig darüber wissen. Deshalb üben sie gar nicht bzw. ungünstig oder sind frustriert über ihre ganz persönliche stimmliche Entwicklung. Im ersten Teil dieses Kapitels möchte ich einen Einblick geben, wie Stimmentwicklung verläuft, mit ein paar falschen Vorstellungen und Glaubenssätzen aufräumen und allgemeine Tipps zum Lernen geben. Im zweiten Teil geht es ganz konkret darum, wie das Singenüben gelingen kann und welche Besonderheiten es beim Popgesang gibt.

Dein Tempo

Wenn man etwas lernen möchte, ist es natürlich besonders schön, wenn das ganz schnell und mühelos funktioniert. Diesen Wunsch machen sich viele Gesangsschulen zunutze und werben damit, dass man mit ihrer Methode blitzschnell besser wird. Klar, wenn man sich schon fürs Üben entscheidet, dann mit einer effektiven und guten Methode. Und natürlich – mit so mancher Übung kann man ziemlich schnell Fortschritte machen und Fehler hinter sich lassen. Aber:

> Mancher Entwicklungsschritt braucht seine Zeit. An der Stimme kann man nicht einfach, wie an einer Maschine, mit dem richtigen Werkzeug herumschrauben, um den »Schaden« zu beheben. Sie ist Teil unseres Körpers und Ausdruck unserer Seele und damit eins mit uns und allen unseren Fähigkeiten und Fehlern, unseren Wachstumsmöglichkeiten und Begrenzungen.

Der Mensch ist ein »Gewohnheitstier«. Eine Fähigkeit, die wir erlernt und zigmal benutzt und vertieft haben, hinterlässt Spuren im Gehirn. Immer, wenn wir ein bestimmtes Ziel erreichen wollen, nutzen wir sie dann, ohne nachzudenken, weil wir sie als zielführend und richtig abgespeichert haben. Ein Beispiel: Ein ungeübter Sänger benutzt für lautere Töne einen zu hohen Luftdruck, der vor allem durch starke Bauchmuskelaktivität hergestellt wird. Dieses »Drücken« ist dieselbe Köperfunktion, die wir brauchen, wenn wir z. B. husten, schwere Gegenstände heben oder etwas wegschieben. Die so forcierten lauten Töne hören sich für

---

21 Buchtipp: Cornelius L. Reid: Funktionale Stimmentwicklung. Grundlagen und praktische Übungen (Schott-Verlag, 2001)

seinen Geschmack nicht besonders gut an und tun manchmal sogar weh. Jetzt lernt er durch Übungen, dass er dieselbe Lautstärke mit weniger oder sogar ohne Bauchdruck erreichen kann und dass die Töne dann besser klingen und der Stimme nicht mehr schaden. Bis er jetzt aber nicht mehr in die alte Gewohnheit zurückfällt, muss er das Gelernte üben und immer wieder erfahren, um einen neuen Weg im Gehirn zu etablieren. Das Gewohnte ist quasi eine asphaltierte Straße, das Neue zuerst nur ein Trampelpfad, der dann immer weiter ausgebaut wird. Ja – und das braucht Zeit!

Der Psychiater und Neurobiologe Manfred Spitzer schreibt dazu in seinem Buch »Musik im Kopf« (Schattauer-Verlag, 2002):

> *»Es geht um Neuroplastizität, d.h. darum, dass das Gehirn bestimmte Reize immer wieder verarbeitet und bestimmte Bewegungen immer wieder macht. Dadurch verändern sich die Stärken der Verbindungen zwischen Nervenzellen in den betreffenden Bereichen der Gehirnrinde, wodurch wiederum die Wahrnehmungen und Bewegungen besser (d.h. schneller und genauer) funktionieren.« (S. 321)*

Ein weiterer Aspekt, der uns Geduld abverlangt ist die Tatsache, dass unser Körper nicht primär dafür gemacht ist, zu singen. An erster Stelle stehen überlebenswichtige Funktionen: Die Atmungsmuskulatur soll uns mit einer ausreichenden Menge Sauerstoff versorgen, die Zunge, Kiefer und Lippen helfen bei der Nahrungsaufnahme usw. Was wir beim Singenüben als Problem oder Fehler sehen, ist oft nichts anderes als ein ganz natürlicher Mechanismus des Körpers. Ein Beispiel: Ein Sänger neigt dazu, die hintere Zunge anzuheben, wenn er den Kiefer öffnet, um z.B. ein »a« zu singen. Der Ton klingt dann immer ein wenig »knödelig«, das gefällt ihm gar nicht. Sich diese Zungenbewegung abzugewöhnen kann dauern, denn die Zunge ist eine Art Wächter, der den Hals beschützt, damit nichts in die Luftröhre eindringen kann, wenn der Mund weit geöffnet ist. Ein weiteres Beispiel: Ein Sänger wird beim Singen immer etwas kurzatmig, bei längeren Phrasen kommt ein fast panisches Gefühl dazu, nicht genug Luft zu haben, obwohl er ein guter Sportler mit ausreichend Lungenvolumen ist. Der Körper schlägt hier Alarm, weil eine Sauerstoffunterversorgung zu drohen scheint. Mit Zeit und Übung kann er das notwendige Vertrauen bekommen, beim Singen von Primärmustern loszulassen.

Ich bin weiter oben schon auf die starke Verbindung zwischen Psyche und Stimme eingegangen (siehe S. 96ff.). Beim Heranwachsen lernen wir, gemäß den gesellschaftlichen Normen, aber auch den familiären Anforderungen, unsere Gefühle – und damit auch unsere Stimme als ein Ausdrucksmerkmal dieser Gefühle – zu kontrollieren und zu kanalisieren. Emotionen werden als »gut« oder »angemessen«, andere als »schlecht« oder »unangemessen« eingeordnet. Außerdem hat jeder in seiner Biografie schmerzhafte und schwierige Erlebnisse, Ängste, Zurückweisungen usw. erfahren. All das spiegelt sich in der Haltung, in Körperspannungen, Atmung, Bewegung und Stimme wider.

Ein Beispiel: Ein Sänger ist in einer sehr gefühlskontrollierten Familie groß geworden. Durch eine starre Körperhaltung, einen festen Kiefer und eine wenig bewegliche Mimik hat er gelernt, nach Außen einen neutralen Gefühlsausdruck zu zeigen. Um seine Stimme zu entwickeln, versucht er beweglicher zu werden, tiefer zu atmen und Artikulation und Mimik mehr zu aktivieren. Das ist aber kein bloßer körperlicher Vorgang, sondern konfrontiert ihn natürlich auch mit der Panzerung, die er sich angeeignet hat. Durch geduldige Stimm- und Körperarbeit kann dieser Sänger sicherlich vieles lernen, das nicht nur seiner Stimme, sondern auch seiner Psyche gut tut.

Ein weiteres Beispiel: Ein Sänger hat als Kind zu hören bekommen, dass er völlig unmusikalisch ist und nicht singen kann, dabei liebt er Musik und das Singen aus tiefstem Herzen. Wenn er in seinem Beruf als Lehrer vor der Klasse steht, kann er sehr laut sprechen und auch mal energisch schimpfen, doch sobald er singt, wird die Stimme leise und brüchig. Durch Übung kann er seine Singstimme kräftigen und lernen, in sie dasselbe Vertrauen zu bekommen, wie in die Sprechstimme. Langsam kann er seine Hemmungen abbauen.

Ich könnte noch massenhaft Beispiel aufzählen, denn so gut wie jeder Gesangsschüler hat auch psychische Themen, die sich in seiner Stimme zeigen und die die Stimmentwicklung beeinflussen. Klar wird, dass sich solche tiefsitzenden Koppelungen zwischen Seele und Stimme nicht einfach mal schnell »wegüben« lassen. Diese Übungsprozesse können einen Sänger sogar ein Leben lang begleiten. Hier gilt es eher, das eigene Tempo anzunehmen und sich die Zeit zu geben, die nun mal nötig ist. Manchmal bewirkt hier zu viel Druck sogar das Gegenteil: Anstatt sich zu öffnen und stimmliche Schwierigkeiten zu überwinden stagniert die Entwicklung, Psyche und Stimme »wehren« sich gegen ein aufgezwungenes Tempo.

So geht eben einiges ganz fix, anderes nicht. Jede Methode, die etwas anderes verspricht, lügt. Ich habe schon vielen tollen Gesangslehrern über die Schulter blicken dürfen und war begeistert über die Fortschritte ihrer Schüler – zaubern konnte aber keiner von ihnen. Das Wissen um die Zeit, die Prozesse brauchen können, finde ich sehr entlastend. Es ist scheinbar ein Phänomen unserer Gesellschaft, für alles effektive »Tools« und Tipps anzubieten: Dafür, wie man glücklich oder erfolgreich wird, wie man einen Partner findet oder eben auch, wie man singt. Verführerisch sind auch die Naturtalente, die sich einfach hinstellen, grandios singen und uns vorführen, wie Singen sein kann: mühelos und ausdrucksstark. Viele fragen sich: Wieso schafft der das ohne viel Üben und ich nicht? Aber da hat eben jeder seinen ganz individuelles Entwicklungstempo. Du hast deins! Oft sind die vermeintlich tollen Stimmen von Jungtalenten im Studio auch mit jeder Menge technischen Tricks und Backgroundchören extrem aufgepeppt worden. Es kann sehr hilfreich sein, sich mit anderen Sängern auszutauschen oder zusammen zu singen und sich viele Livekonzerte anzuschauen, um mit seiner Aufmerksamkeit wegzugehen von den technisch aufgearbeiteten Mega-Studioproduktionen.

Dein Weg: Sprünge und Krisen

Das Zusammenspiel zwischen Stimme, Körper und Psyche führt dazu, dass die Stimmentwicklung, wie so viele andere menschliche Entwicklungen, nicht stetig und linear verläuft, sondern in Schüben und Krisen, mit Entwicklungssprüngen, Stagnationen und Rückfällen.

Um etwas zu lernen, braucht es oft einen immer wieder gesetzten Entwicklungs*impuls*, der dann irgendwann einen Entwicklungs*schritt* zur Folge hat. Sowohl als Sängerin als auch als Gesangslehrerin habe ich schon häufig diesen Aha-Effekt erlebt, also den Moment, in dem auf einmal »der Groschen fällt« und ein immer wieder geübtes Thema auf einmal wirklich verstanden wird. Der Sänger ist bei einem bestimmten Thema mit Kopf, Körper und Psyche auf der nächsten Entwicklungsstufe angekommen.

Ein Beispiel: Ein Sänger atmet vor dem Singen wegen einer starken Spannung im Oberkörper und einem Gefühl von Nervosität immer zu wenig ein, dadurch fehlt ihm Luft für längere Phrasen und die Stimme klingt etwas gepresst und eng. Beim Üben macht er die Erfahrung, dass es seinem Gesang gut tut, sich Zeit für die Einatmung zu lassen und den Oberkörper zu lockern, denn durch beides kann er mehr Luft einatmen. Trotz dieser positiven Erfahrung muss er sich jedes Mal wieder bewusst daran erinnern, wenn er singt. Sobald eine andere Übung in den Vordergrund tritt oder bei Proben und auf der Bühne, wird die Atmung wieder flach. Das geht längere Zeit so, bis der Körper langsam beginnt, sich ohne bewusstes Eingreifen ganz von selbst die ausreichende Atemluft für den Ton zu holen. Erst dann ist das Geübte wirklich ganzheitlich begriffen worden. Nicht nur der Verstand hat die Erfahrungen als positiv eingeordnet, auch der Körper hat den Bewegungsprozess erlernt und die Psyche das Vertrauen dafür bekommen. Jetzt ist die Übung verinnerlicht. Manfred Spitzer schreibt in »Musik im Kopf« zu diesem Prozess:

> *»Weitere Studien zum Lernen ergaben jedoch ein komplizierteres Bild, denn wenn man eine komplexe Bewegung lernt, nimmt ganz offensichtlich der mentale Aufwand, den wir zur Steuerung dieser Bewegung einsetzen, ab: Egal ob wir Autofahren oder Klavierspielen lernen, der Vorgang ist der gleiche: Zunächst müssen wir jede Einzelheit bewusst planen, und wir sind in Anbetracht der Komplexität der Bewegung (z. B. beim Schalten oder bei einem raschen Arpeggio) nahezu überfordert. Nach dem Lernen läuft das Arpeggio flüssig und wir meistern das Fahren spielend – während wir uns dabei zu allem Überfluss noch unterhalten.« (S. 326)*

Nach einer Phase der scheinbaren Stagnation gibt es einen Entwicklungsschritt. Manchmal wird dieser Schritt vom Lernenden sofort wahrgenommen, manchmal wird ihm erst nach und nach bewusst, dass sich etwas Grundlegendes im Gesang geändert hat.

Es gibt Themen, die einem immer wieder begegnen. Mit jeder Weiterentwicklung schafft man es, sich ein Stückchen mehr davon zu lösen und trotzdem tauchen sie auf dem Weg immer wieder auf. Zu dem eben genannten Beispiel: Der Sänger erkennt, dass eine Ursache für seine Spannung und seine Nervosität beim Singen ein großer Leistungsdruck ist. In seiner Stimmentwicklung entdeckt er neben der flachen Atmung immer wieder auch andere Dinge, die darin begründet sind, z. B. seine Neigung, rhythmisch zu treiben, seine starke Fixierung auf die Intonation, seine Angst vorm Improvisieren, seine häufig zu große Lautstärke. Mit jeder Stimmarbeit an diesen Themen setzt er sich indirekt auch mit dem Leistungsdruck auseinander, der ihn begrenzt und unfrei macht. Umgekehrt wird sich ein Abmildern oder Loslösen vom Leistungsdruck im Laufe seiner persönlichen Entwicklung wiederum auch stimmlich auswirken. Den Entwicklungsverlauf kann man sich hier ähnlich einer Spiralform vorstellen, die sich zwar aufwärts, aber dennoch im Kreis bewegt.

Bis jetzt habe ich nur von einer unterschiedlich schnellen (oder langsamen) Entwicklung, von Entwicklungsschritten nach einer Stagnationsphase und von wiederkehrenden Entwicklungsthemen gesprochen, dennoch ging es immer um eine positive Entwicklungsrichtung. Ganz schwierig für Sänger sind Rückschritte und Stimmkrisen. Wenn eine Stimme auf einmal nicht mehr so gut funktioniert wie vorher, sind viele Ursachen möglich. Stimmprobleme können körperliche Gründe haben: einmal solche den meisten Sängern bekannte wie z.B. Infektionskrankheiten oder krankhafte Veränderungen an den Stimmlippen, aber auch solche, die Laien manchmal gar nicht als stimmrelevant einschätzen würden, z.B. Muskelverspannungen, Verletzungen, hormonelle Veränderungen (durch die Pille oder die Wechseljahre o.ä.), Nebenwirkungen von Medikamenten, mangelnde Fitness oder Verdauungsprobleme. Hier ist es immer hilfreich, sich professionelle Hilfe zu holen. Ein HNO-Arzt, am besten spezialisiert auf Störungen der Stimme, oder ein Phoniater können bei der Ursachensuche helfen (siehe dazu auch »Stimmgesundheit«, S.138f.).

Liegen keine körperlichen Ursachen vor, kann auch eine falsche Stimmnutzung auf Dauer zu Problemen führen. Einige Sänger strapazieren ihre Stimme mehr beim Reden als beim Singen, also z.B. in einem anstrengenden Sprechberuf, bei anderen ist eine unvorteilhafte Gesangstechnik die Ursache, wobei sich vor allem Sänger, die lange Zeit gut »funktioniert« haben oft schwertun, die Gründe für ihre Stimmprobleme darin zu suchen. Es kann aber durchaus sein, dass sich eine Stimme jahrelang ziemlich strapazieren lässt und dann doch irgendwann »streikt«. Manchmal hat sich die ungünstige Stimmnutzung im Laufe der Jahre immer weiter ganz unbemerkt vertieft, manchmal kommt ein körperlicher oder psychischer Auslöser dazu, der dann das Fass zum Überlaufen, also die Stimme in eine Krise bringt. Auch hier ist es sinnvoll, nicht alleine an der Stimme herumzubasteln, sondern die Hilfe von einem Logopäden, einem Atem-, Sprech- und Stimmlehrer oder einem Gesangslehrer in Anspruch zu nehmen.

Es gibt zudem Krisen, die während der Stimmbildung entstehen. Die »guten« Stimmkrisen sind dabei solche, die Kennzeichen für eine Neuordnung und einen anstehenden Entwicklungsschub sind. Manchmal entsteht beim Auflösen alter Strukturen eine Phase des Chaos. Das Alte geht, das Neue hat sich noch nicht abrufbar etabliert. Wenn Sänger ihre Stimme auf der Bühne und im Studio einsetzen müssen, kann so eine Phase sehr schwierig sein. Hier rate ich oft, obwohl es die Entwicklung unter Umständen verlangsamt, neben dem neu Erlernten auch die alten Herangehensweisen weiterhin immer mal wieder zu üben, um darauf im Notfall zurückgreifen zu können. Wer den Luxus hat, seiner Stimme freien Lauf lassen zu können, wird so eine Krisenphase wahrscheinlich gelassener erleben, zumindest wenn ihm die Ursachen klar sind. »Schlechte« Krisen sind solche, die zeigen, dass die Stimmentwicklung nicht gut verläuft und man sich gerade in einer Sackgasse befindet. Anstatt sich zu entwickeln, verliert die Stimme an Fähigkeiten. Vielleicht stimmt die Methode oder der Lehrer nicht, vielleicht setzt man sich auch zu sehr unter Druck bzw. wird von anderen unter Druck gesetzt. Eine positive Chaosphase von einer Sackgasse zu unterscheiden ist oft gar nicht so einfach. Gut ist es hier, einen Lehrer zu haben, dem man vertraut und der einen durch die Krise hindurch und aus ihr herausführt. Dauert die Krise gefühlt zu lange muss man sich eventuell nach anderen Ratgebern und Helfern umsehen.

Geht es um Stimmentwicklungssprünge und -krisen, darf man natürlich, last but not least, wiederum nicht die Psyche außer Acht lassen. Eine psychische Veränderung kann ein starker Auslöser sein. Verliebtsein und Liebeskummer, Stress und Ruhe, Freude und Leid, alles beeinflusst unsere Stimme. Es gibt Menschen, denen es nach einem traumatischen Erlebnis regelrecht die Stimme verschlägt und andere, für die das Singen in einer schweren Lebensphase ein Rettungsanker ist. Manchmal gewinnt die Stimme durch ein tiefgreifendes Erlebnis an Gefühlstiefe und Freiheit, manchmal zieht sie sich eher zurück, bis der Mensch wieder mehr Balance gefunden hat. Stecken wir in Zusammenhängen, die uns nicht gut tun fest, wird oft auch die Stimme fest, befreien wir uns, wird auch die Stimme freier. Obwohl für mich als Gesangslehrerin diese Zusammenhänge sonnenklar sind, erlebe ich häufig, dass Sänger die Auswirkungen der Psyche auf ihre Stimme unterschätzen oder gar nicht wahrnehmen. Ein Beispiel: Ein Sänger sang jahrelang in einer Band, in der er sich eigentlich gar nicht wohl fühlte. Gewohnheit, Geld, ein gewisser Gruppenzwang und Angst vor Veränderung hielten ihn ab, auszusteigen. Immer wieder kämpfte er mit Heiserkeit, obwohl die Stimmtechnik gut und körperlich alles in Ordnung war. Erst nach und nach ließ er den Gedanken zu, dass die Bandsituation der Grund für seine Stimmprobleme sein könnte. Nach seinem Ausstieg waren sie tatsächlich verschwunden.

Unsere Stimmentwicklung ist nicht gradlinig, sondern wird von vielen äußeren und inneren Faktoren geformt. So ergibt sich für jeden Sänger ein ganz individueller Entwicklungsweg. Kein Weg gleicht dem anderen, deshalb ist es wichtig, den eigenen zu erkennen und zu verfolgen!

Chancen und Grenzen

Wer sich auf den Weg macht, um seine Stimme weiterzuentwickeln, möchte seine Grenzen erweitern, sich verändern und verbessern. Dieser Wunsch ist zutiefst menschlich, unser Gehirn und unsere Psyche brauchen ein Leben lang Herausforderung, damit es spannend bleibt und wir nicht einrosten. Wenn wir dann etwas Neues können oder etwas leichter schaffen, das uns vorher schwer gefallen ist, werden wir mit einem tollen Gefühl belohnt. Gerade beim Singen geht es ja oft um Leichtigkeit, Lebendigkeit, Ausdruckskraft und Freiheit – großartig, davon mehr zu bekommen. Wir ahnen, was stimmlich alles möglich ist, wenn wir einem guten Sänger zuhören, in einem besonderen Moment wunderbar singen oder sich für uns durch Übungen ein neuer Horizont öffnet. Das treibt uns an und zeigt uns Ziele auf.

Wollen wir mit unserer Stimme eine Grenze überwinden, so ist das auch immer der Wunsch, zu heilen. Wir fühlen, dass unser Potenzial entfaltet werden möchte, wir wollen Spannungen und Hemmungen loswerden, die uns eingrenzen. Nehmen wir nochmal das Beispiel des Sängers, der häufig mit dem Thema Leistungsdruck konfrontiert ist: Immer, wenn er sich stimmlich ein Stück weiter davon lösen kann, heilt er damit auch auf psychischer Ebene. Er lernt, beim Singen tiefer zu atmen und kann sich damit auch in anderen Situationen beruhigen, er macht die Erfahrung, dass ein Ton viel reicher schwingt, wenn man von Angst beeinflusste Spannungen löst, er findet den Mut, auf der Bühne mehr von sich selbst zu zeigen, statt immer auf »Nummer sicher« zu gehen, er übt zu improvisieren und der kreativen Kraft in sich zu vertrauen, er vergrößert seine Ausdrucksstärke und lässt alte Bewertungsmuster los ...

Dieses Spiel mit den eigenen Grenzen kann man ganz unterschiedlich gestalten. Manchmal tut es gut, ins »kalte Wasser zu springen« und die Limits mit Schwung anzugehen. Das kann durch die aktive Teilnahme an Workshops geschehen, durch Sessions im Proberaum oder auf der Bühne, durch neue stimmliche Herausforderungen, durch Wettbewerbe, durch das Ausprobieren ganz ungewohnter oder auf den ersten Blick merkwürdig erscheinender Übungen. Oft ist man nach so einer Erfahrung wieder ein bisschen mutiger und freier geworden. Ich kann wirklich jedem Sänger nur raten, sich immer mal wieder neuen Herausforderungen zu stellen.

Es gibt aber auch Limits, in die man sich regelrecht verbeißt. Das kann ein hoher Ton sein, der sich trotz ständigen Versuchens einfach nicht vernünftig singen lässt oder ein bestimmter Song, den man sehr gerne mag, den aber die eigene Stimme nicht überzeugend herüberbringt, was immer man auch ausprobiert. Da ist es irgendwann angesagt, zu stoppen und die

Grenze Grenze sein zu lassen. Ja, vielleicht wirst du in absehbarer Zeit den hohen Ton nicht ohne riesigen Stress erreichen und musst deshalb Songs transponieren oder zur Seite legen. Vielleicht hast du für deinen Geschmack nicht den richtigen Stimmklang für deinen Lieblingssong. Wie wäre es, dein Limit zu akzeptieren? Und die größte Herausforderung: Kannst du dich damit anfreunden?

Dafür ist die Popmusik perfekt geeignet. Hier tummeln sich jede Menge Sänger, die sich in ihren manchmal engen Grenzen bewegen, ja, daraus eine Art Markenzeichen machen. Wir wollen gar nicht immer die makellosen Sänger hören, die scheinbar mühelos alle stimmlichen Schwierigkeiten hinter sich lassen, sondern die begrenzten, eigenartig klingenden, wiedererkennbaren Stimmen. Du hast ein stimmliches Limit? Du wirst bestimmt einen bekannten Sänger mit dem gleichen Limit finden. Wichtig ist, was ein Sänger – und damit auch ein Künstler – mit den Grenzen anstellt. Welcher Stil passt zur jeweiligen Stimme und welche Gefühle lassen sich nicht nur trotz, sondern vielleicht gerade wegen der Begrenzungen ausdrücken? Ich habe es sogar schon häufiger erlebt, dass sich sehr gute Sänger, also solche mit wenigen stimmlichen Grenzen, schwertun, ihren unverwechselbaren Gesangsstil zu finden. Sie können dann unglaublich viele Stimmklänge herstellen und jeden Stil bedienen und brillieren damit z. B. in Coverbands oder als Studio- und Backgroundsänger, finden aber ihre Stimmpersönlichkeit nicht.

> Eine der größten Aufgaben in der Stimmarbeit ist es, ein Gefühl für die Fehler, Macken und Begrenzungen zu entwickeln, die einer Stimme Wiedererkennbarkeit und das gewisse »Extra« verleihen, anstatt alles wegtrainieren zu wollen – zumindest dann, wenn ein Sänger kein multi-einsetzbarer Leistungsmusiker sein möchte, sondern eine Künstlerpersönlichkeit.

Das ist eine spannende Gratwanderung!

Glaubenssätze

Mir fällt immer wieder auf, wie viele Sätze in den Köpfen von Sängern herumschwirren, die mit »Beim Singen muss man …« oder »Beim Singen darf man nicht …« beginnen. Sie haben solche Sätze in Büchern gelesen, irgendwo aufgeschnappt oder manchmal auch im Unterricht verinnerlicht und singen dann mit diesen Ideen im Kopf. Solange das toll klingt und sich richtig anfühlt – bestens! Viele aber quälen sich regelrecht mit für sie unpassenden Glaubenssätzen, weil sie sich dadurch verkrampfen oder gegen ihr Gefühl angehen. Und vor allen Dingen: Falsche Glaubenssätze helfen der Stimme nicht bzw. schaden ihr im schlimmsten Fall. Damit ist auch sofort klar, wie sich gute Glaubenssätze von schlechten unterscheiden lassen:

Jeder Glaubenssatz zum Singen ist nur dann richtig für dich, wenn sich die Anwendung gut anfühlt und deiner Stimme hilft!

Wichtig ist es also, jeden Glaubenssatz für sich selbst zu prüfen. Es gibt Sätze, die für den einen stimmen, für den anderen nicht. Ein Beispiel: Ein Sänger macht tolle Erfahrungen mit dem Satz: »Beim Singen muss man den Kopf etwas nach hinten kippen«. Vielleicht hatte er zuvor die Angewohnheit, den Kopf beim Singen leicht nach vorne unten zu schieben und bekommt nun durch seinen Glaubenssatz eine lockerere Halsmuskulatur und eine bessere allgemeine Aufrichtung, so dass der Ton leichter schwingen kann. Jetzt gibt er aber diesen Satz an einen anderen Sänger weiter, der dazu neigt, beim Singen das Kinn nach vorne zu schieben. Kippt der dann zusätzlich den Kopf nach hinten, bekommt er im Halsbereich eine große Spannung, die den Resonanzraum stark verengt. Für diesen Sänger ist der Satz also ungünstig.

Andere Sätze gelten nur für bestimmte Aspekte. Ein Satz wie: »Beim Singen muss man die Bauchmuskeln anspannen« ist wahrscheinlich für einen Großteil der Sänger ein ungünstiger Glaubenssatz. Es kann aber durchaus Momente geben, wo Bauchmuskelspannung beim Singen hilfreich oder sogar nötig ist.

Manchmal waren bestimmte Sätze oder Ideen auch irgendwann einmal für einen Sänger hilfreich, werden aber inzwischen von ihm falsch umgesetzt oder gelten nicht mehr, weil sich seine Stimme in eine andere Richtung entwickelt hat. Wenn er dann an solchen Sätzen dennoch, ohne nachzufühlen und nachzuhören, festhält, verwandelt sich ein hilfreicher Satz in eine unlebendige, falsche Regel.

Ganz ungünstig sind auch gar nicht umsetzbare Allgemeinplätze wie »Beim Singen muss man entspannt sein«. Für Tätigkeiten wie Stehen, Atmen und Singen ist ein komplexes Zusammenspiel von zahlreichen Muskeln notwendig, von denen einige sich anspannen, andere gedehnt werden. Ohne Muskelspannung gibt es keinen Gesang! Das Grundkonzept »Entspannung« kann einem Sänger unter Umständen helfen, ungünstige Muskelspannungen beim Singen wegzulassen – dennoch sind auch bei einem optimalen ökonomischen Singvorgang jede Menge Muskeln aktiv. Genauso unsinnig ist natürlich umgekehrt das Konzept der dauernden Anspannung beim Singen, denn es kann ja durchaus fürs Singen günstig sein, wenn bestimmte Muskeln oder Muskelgruppen weniger aktiv bzw. entspannter sind.

Beim Verwenden von Glaubenssätzen steht natürlich wieder der Wunsch nach schneller Umsetzbarkeit und Wirkung im Vordergrund. Wie schön wäre es, wenn es ein paar Faustformeln und einfache Rezepte gäbe, die man nur befolgen muss, um toll singen zu können. Dafür ist Singen aber ein viel zu komplexer und individueller Vorgang, dem man mit starren Regeln einfach nicht gerecht wird.

Probiere auf deinem Entwicklungsweg Regeln, Tipps und Glaubenssätze aus, aber bleibe wach und aufmerksam dafür, ob sie auch wirklich wirken!

Zum Üben

Die Besonderheiten des Singens beim Üben

Beim Sänger entsteht der Klang im eigenen Körper, die Stimmlippen im Kehlkopf schwingen mit Hilfe der Atemluft und bringen den Primärklang hervor, der dann mit und im Körper verstärkt und geformt wird. Instrumentalisten haben für die Tongebung und die Resonanzen immer ein externes Instrument, in dem der Klang entsteht und verstärkt wird. Nirgends wird Musik körperlicher gemacht als mit der Stimme. Sie gehört untrennbar zum Sänger und wird von seinen Gedanken, Gefühlen und Körperwahrnehmungen gesteuert. Dieses Zusammenspiel zwischen Körper, Kopf, Herz und Stimme macht sie so einzigartig und faszinierend.

Für das Üben ergeben sich hieraus ein paar Besonderheiten. Eine ganz wichtige: Man kann vieles von dem, was sich beim Singen abspielt, nicht sehen. Ein Klavierspieler kann seine Finger beobachten und sieht die Töne in Form der Tasten vor sich. Die Vorgänge im Körper beim Singen, also innere Kehlkopfbewegungen, die Atmung, Zungenaktivitäten usw. sind, wenn überhaupt, nur wenig sichtbar. Beim Üben läuft also sehr viel über die innere Wahrnehmung von Bewegungen und Schwingungen und über das Hören. Wirklich sehen kann man Äußerlichkeiten, die sich auf die Stimme auswirken: die Haltung, die Mimik, die Beweglichkeit. Trotzdem ist auch hier die Rückmeldung über das Gefühl und das Gehör ganz wichtig. Ein Sänger, der ruhig und aufrecht steht und mit geschlossenem Mund ein »m« summt, kann zum Beispiel dabei total angespannt sein, flach atmen und mit der Zunge den Rachenraum sehr eng machen – oder aber locker und angenehm aufgerichtet sein, eine gute Atmung haben und den Ton frei schwingen lassen. Aussehen tut beides sehr ähnlich, sich anhören und -fühlen sehr unterschiedlich. Ein Sänger stellt sich beim Üben Fragen wie: Wie fühlt sich die Atmung an, wo sind Spannungen, wo ist zu wenig Aktivität, wo ist es eng, wo weit, was ist unangenehm, was fühlt sich gut an? Dazu kommt die Rückmeldung über das Ohr: Was klingt gut, was nicht? Welche Bewegung wirkt sich wie aus?

Gesangsübungen arbeiten häufig mit Vorstellungsbildern, denn kein Instrument reagiert so fein auf die Gefühle und psychische Verfassung des Musizierenden wie die Stimme. Einige davon hast du im Kapitel »Den Kanal öffnen« (S. 73–90) kennengelernt. Diese Bilder verändern unsere innere Einstellung und dadurch auch die körperliche. Es ist oft viel einfacher, organischer und direkter den Gesang durch Bilder zu beeinflussen, als durch rationale Beschlüsse. Ein Beispiel: Die Stimme eines Sängers klingt hart und etwas metallisch, er möchte aber, dass sie sanft und weich klingt. Jetzt kann er Stimmparameter durchgehen, die ihm den gewünschten Klang verschaffen sollen: Er kann zum Beispiel seine Atmung vertiefen, versuchen, die Halsmuskulatur mehr zu entspannen und seinen Kiefer zu lockern und dann ein bisschen Luft auf die Stimme geben und leiser werden. Er kann sich aber auch vorstellen, dass er für ein kleines Kind singt, das er trösten möchte. Es liegt auf seinem Schoß und er streichelt seinen Kopf. Oft verändert sich allein durch eine passende Vorstellung die Körpereinstellung und damit die Stimme genau in der gewünschten Weise.

Ein weiterer Unterschied vom Singen zum Instrumentalspiel ist der, dass jeder Mensch, von einigen körperlich bedingten Ausnahmen abgesehen, singen kann. Wenn man mit dem Klavierspielen beginnt, hat man vorher vielleicht noch nie eine Klaviertaste heruntergedrückt. Man ist also wirklich Anfänger und macht sich mit dem Instrument von Grund auf vertraut. Jeder der anfängt, das Singen zu üben, hat schon von Kindesbeinen an immer wieder gesungen, denn das geht auch ganz ohne Üben oder Unterricht. Der eine hat höchstens Erfahrung im Schulchor gesammelt und trällert für sich selbst, der andere singt schon seit Jahren in einer Band mit zahlreichen Konzerten und Veröffentlichungen. Der Begriff »Anfänger« ist hier also sehr dehnbar. Beim Singen gibt es wirklich Naturtalente, die mit einer tollen Stimme beschenkt wurden. Deshalb halte ich es auch für Unsinn, dass unbedingt jeder, der Popmusik singen möchte, Unterricht haben muss. Die meisten Sänger aber können viel gewinnen, wenn sie an ihrer Stimme arbeiten, um den emotionalen Ausdruck zu vertiefen und zu verfeinern, eigenständiger oder freier zu werden, den Umfang zu vergrößern, die Stimme gesund zu erhalten usw.

Interessant ist in diesem Zusammenhang der Unterschied zum Beispiel zwischen Eva Cassidys Interpretation des Songs *Ain't No Sunshine* und der einer unbekannten 15-jährigen Hobby-Sängerin. Vielleicht ist das junge Mädchen begabt und singt alle richtigen Töne zur richtigen Zeit, das heißt, sie »kann« den Song singen, dennoch gibt es einen Riesenunterschied. Um diesen Unterschied zu verstehen, muss man beim Üben des Popgesangs in die Tiefe und die Details gehen. Es dreht sich dann nicht mehr so sehr um die richtig gesungenen Noten, sondern um das Feintuning, den Stimmklang, die Dynamik usw. und – vor allem anderen – die Intensität des emotionalen Ausdrucks.

Singen üben – ein paar wichtige Grundlagen

wach bleiben: fühlen und hören

Singen üben beinhaltet immer eine Schulung der Wahrnehmungsfähigkeit. Es geht hier nicht um ein mechanisches Abspulen von Übungsprogrammen. Damit gerät man sehr schnell in eine Sackgasse, denn ohne die Rückkopplung über das Fühlen und Hören funktioniert das Instrument Stimme nicht. Es bleibt dir beim Üben nicht erspart immer wieder zu prüfen, ob die Übung, die du gerade machst, auch das bewirkt, was sie soll. Ein Beispiel: Im Unterricht hat ein Sänger gelernt, dass es ihm hilft, bei Vokalen wie »a«, »o« und »ä« den Kiefer mehr zu öffnen. Der Ton wurde dadurch voller und war leichter zu singen. Beim Üben zu Hause reißt er den Mund bei diesen Vokalen weit auf, die positive Wirkung stellt sich nicht ein, im Gegenteil, der Ton klingt jetzt enger. Nun ist es wichtig, die Bewegung nicht einfach zu wiederholen, sondern herauszufinden, warum es sich nicht mehr so gut anhört und anfühlt. Der Sänger kann z. B. mit der Stärke der Kieferöffnung experimentieren oder im Spiegel kontrollieren, ob ihm etwas an seiner Bewegung auffällt.

gute Übungen wiederholen

Hast du eine Übung gefunden, die funktioniert, dann ist es sinnvoll, sie öfter zu wiederholen, denn das neu Erlernte steht, wie wir oben besprochen haben, neben der alten Gewohnheit, die sich – meistens jahrelang – im Körper und Gehirn quasi »eingraviert« hat. Durch Wiederholungen vertieft sich das neue Singgefühl und wird immer abrufbarer. Viele Sänger unterschätzen dieses »Körperlernen«. Sie glauben, eine Veränderung allein dadurch verinnerlicht zu haben, indem sie sie kognitiv begriffen haben.

Ab und zu reicht tatsächlich eine einzige Erfahrung aus, die so einleuchtend und für den Körper so klar ist, dass diese neue Technik oder Herangehensweise ab diesem Zeitpunkt vom Sänger sofort eher gewählt wird, als die alte, aber meistens sind Wiederholung und Übung nötig.

Neues verinnerlichen

Mit der Zeit und während des Übens durchläuft eine stimmliche Neuerung mehrere Phasen. Zuerst verändert man etwas ganz bewusst und muss sich beim Singen immer wieder daran erinnern, um nicht in die alte Herangehensweise zu rutschen. Viele Schüler sagen an so einem Punkt des Übens: »Ich kann doch nicht jedes Mal, wenn ich singe, daran denken!« Muss man ja auch gar nicht. Denn in der nächsten Phase wird die Übung verinnerlicht und geht in die Körpererfahrung ein, die dann ganz unbewusst funktioniert. Viele haben so etwas beim Erlernen einer Sportart schon erfahren. Wer einmal das Schlittschuhlaufen gelernt hat, der kann sich auch nach Jahren ohne Fahren auf die Kufen stellen und nach kurzer Unsicherheit wieder übers Eis gleiten. Das ist auch die gute Nachricht fürs Singen: Einmal gelernte, also wirklich verinnerlichte Fähigkeiten können zwar in Vergessenheit geraten, sind aber oft schnell wieder aktivierbar. Das gilt auch für Übungen zur Regeneration: Je mehr ich gesunde, regenerative Stimmübungen verinnerlicht habe, desto schneller kann ich sie zwischen den anstrengenden Passagen oder Phasen nutzen.

Intensiv Übende erleben manchmal eine Phase der »Überbewusstwerdung«. Viele verschiedene Themen werden parallel bearbeitet und gelangen ins Bewusstsein, dadurch scheint der Gesang seine ganze Natürlichkeit verloren zu haben. Dann ist es wichtig, zwischendrin auch mal Abstand zu nehmen und auf einer Session drauflos zu singen, wie einem der Schnabel gewachsen ist, mal absichtlich alles »falsch« zu machen oder den Fokus auf etwas komplett anderes zu legen, also z. B. auf den stimmlichen Ausdruck, wo es sonst viel um Technik geht oder auf die musikalische Ausführung, wo sonst viel am Stimmsound gefeilt wird.

Bewegungen nutzen

Manchmal macht man beim Üben Bewegungen, die zwar den Gesang verbessern, aber nicht auf die Bühne passen. Auch hier kommt oft der Kommentar: »Aber ich kann doch in Zukunft nicht jedes Mal, wenn ich singe, diese Bewegung machen.« Es geht darum, dem Sänger durch Bewegungen ein anderes Körpergefühl zu ermöglichen. Nach diesem Übungsinput kann er dann darauf auch ohne die Bewegung zurückgreifen. Ein Beispiel: Ein Sänger schiebt beim Singen hoher Töne den Kopf nach vorne. In einer Übung soll er nun während des Singens leicht den Kopf kreisen. Er nimmt wahr, dass sich dadurch der Nacken entspannt und der Ton freier wird. Wenn er die Übung häufiger wiederholt, wird sein Körper lernen, die Töne mit lockerer Nackenmuskulatur und damit mit einer anderen Kopfhaltung zu produzieren. Dann kann er auch ohne das Kopfkreisen auskommen oder muss nur noch im Notfall darauf zurückgreifen.

Vielleicht bemerkst du, dass es deiner Stimme oder dem Ausdruck eines Songs guttut, beim Singen spazieren zu gehen oder es dir auf deinem Sofa gemütlich zu machen … Auch diese Bewegungen können nachwirken und den Gesang verändern, selbst wenn du dann später beim Singen auf einer Stelle stehst.

aus einer Negativspirale aussteigen

Beim Singenüben gibt es ein spannendes Phänomen: Man übt eine Sache und bemerkt, wie sich die Wirkung ausbreitet und sich auch andere Aspekte des Singens verbessern. Ein Beispiel: Ein Sänger übt, beim Singen von Vokalen wie »a« oder »o« den Kiefer etwas weiter zu öffnen als gewohnt, um die Sprachverständlichkeit zu verbessern. Durch die Bewegung wird die Kiefermuskulatur gelockert, auch der Nacken fühlt sich entspannter an. Die Töne werden obertonreicher und energievoller, die Atmung tiefer, die Laune besser, der emotionale Ausdruck des Songs stärker usw. Solche wunderbaren positiven Domino-Effekte kann das Singenüben haben. Manchmal gerät man beim Üben aber auch in eine Negativspirale. Etwas klappt nicht, wir fangen an uns zu ärgern, die Stimme wird schlechter und angestrengter. Aus so einer Spirale herauszukommen, funktioniert nur durch Veränderung: eine andere Übung, ein anderer Song oder eine kleine Pause. Vielleicht hilft auch ein anderer Fokus: Du kommst emotional nicht in den Song hinein? Wie wäre es, dich nur auf die musikalischen Aspekte wie Intonation, Dynamik, Bögen etc. zu konzentrieren. Du steckst mit einer Stimmtechnikübung fest? Vielleicht kannst du dich mehr in den Textinhalt vertiefen.

Fehler und Versagen zulassen

Eine der größten Chancen des Übens ist, dass noch kein Publikum zuhört. Es darf also ruhig mal was richtig daneben gehen oder blöd klingen – na und? Ich kenne viele Sänger, die sich sofort unter einen großen Perfektionsdruck setzen und damit einen wichtigen Aspekt des Übens ausschließen: Um aus gewohnten Bahnen auszubrechen, ist es manchmal nötig, das Wagnis einzugehen, die 100-prozentige Kontrolle abzugeben. Vielleicht wackelt und kiekst die Stimme bei einer neuen Bewegung, doch nach und nach findet sich ein viel wärmerer Stimmklang ein. Du setzt mehr Energie ein und der Refrain ist jetzt viel zu laut – dann versuchst du beim nächsten Mal, ob es wieder etwas leiser geht. Du wirst von einem Gefühl überwältigt und brichst beim Singen in Tränen aus – gut, diese Erfahrung wird deinem Gesang bestimmt auf der Bühne eine tiefere emotionale Qualität geben.

Perspektivenwechsel

Stimmübungen haben verschiedene Schwerpunkte: Bei einigen geht es um sehr feine Wahrnehmung, bei anderen um größere Bewegungen. Einige sind eher technisch, andere befassen sich mit dem emotionalen Ausdruck. Bei manchen versucht man, einen ganz bestimmten Klang zu erzeugen, bei anderen lässt man sich vom klanglichen Ergebnis eher überraschen. Beim Üben ist es hilfreich, die Perspektive ab und zu mal zu wechseln. Hast du dich also z. B. lange mit Stimmtechnik befasst, ist es vielleicht an der Zeit, dich ganz dem Ausdruck zu widmen. Hast du viele ruhige Wahrnehmungsübungen gemacht, brauchst du vielleicht mal wieder Körper- bzw. Bewegungsaction.

Wann und wie viel üben?

Auf diese Frage gibt es, wie so häufig, keine einfache Kochrezept-Antwort. Da sind tolle Sänger, die so gut wie nie üben und andere, die jeden Tag eine gewisse Zeit dafür reservieren. Fest steht: Vor allem für das Vertiefen und Verinnerlichen von neuen Singelementen braucht man Übungszeit. Die Frage ist, ob das unbedingt bedeuten muss, dass man sich eine Stunde zu Hause oder im Proberaum hinstellt oder ob Üben auch zwischendurch stattfinden kann. Im Folgenden (S. 117ff.) beschreibe ich eine komplette Übungssession mit verschiedenen Phasen, für die man sich etwas Zeit nehmen sollte. Aber wieso nicht auch mal zwischendrin etwas probieren? Eine Atemübung an der Supermarktkasse, ein Song in der Arbeitspause, eine neue Artikulationsübung beim Spülen. Jede Probe, jede Session im Studio und jeder Auftritt bedeuten Übung, genauso wie das Mitsingen eines Songs aus dem Radio oder das Trällern eines Liedes beim Spaziergang. Ich habe festgestellt, dass es einige Sänger entlastet, wenn das Üben von einer zeitlichen Vorschrift befreit wird. Das ist ja das Tolle am Singen: Die Stimme kommt immer mit.

Ein Tipp für Sänger, die merken, dass sie zu wenig üben oder die mehr Konzentration brauchen: Mach mit dir selber in der Woche drei Termine von einer halben Stunde, die du in den Terminkalender einträgst. Geh in einen ruhigen, ungestörten Raum und verteidige diese Zeit vor Störungen durch Handy, Türklingel usw. Setze dir für diese halbe Stunde ein einziges klares Ziel, z. B.: »Ich werde den Song XY ein paar Mal durchsingen, so dass ich nachher die Töne und den Ablauf kenne«, »ich werde eine Übung zum emotionalen Ausdruck an dem Song XY ausprobieren«, »ich werde ein paar Mal die neue Übung wiederholen, die mir in der letzten Gesangsstunde so gut gefallen hat«, »ich werde das Playback des Songs XY abspielen und dazu ohne Text improvisieren«. – Nimm dir aber nicht zu viel vor, sondern finde ein Ziel, das du realistisch erreichen kannst.

Sehr angenehm ist es auch, dass die Stimme einen Sänger manchmal »belohnt«, wenn er gut für sich gesorgt hat. Dann macht sie, ganz ohne Übung, einen Schritt nach vorne, weil der Sänger sich besser fühlt. Das kann z. B. durch Sport oder eine bessere Ernährung, aber auch durch persönliche Entwicklung oder eine endlich getroffene Entscheidung sein. So gesehen ist ein guter Umgang mit sich selbst auch immer eine »Übung« für die Stimme. – Da sind wir wieder beim Instrument »Stimme«, das ganz untrennbar mit Körper, Herz und Kopf verbunden ist.

Die Übungssession – so wird sie eine runde Sache

Vielleicht hast du deine eigene Übungsroutine gefunden, die komplett anders ist, als die, die ich hier beschreibe und bist zufrieden – prima. Für alle, die nicht so genau wissen, wie sie üben sollen oder die einfach mal was anderes ausprobieren wollen, hier ein Ablauf, mit dem ich als Sängerin und Gesangslehrerin sehr gute Erfahrungen gemacht habe:

Phase 1: Ankommen

Um gut üben zu können, ist es zunächst wichtig, sich selbst wahrzunehmen. Jeder Tag ist anders, Körpergefühl und Stimmung verändern sich von einer Session zur nächsten. Also: Wie geht es dir heute? Bist du müde oder verspannt? Bist du energiegeladen und fröhlich? Hast du Hunger oder ist dir kalt? Bist du gestresst oder ruhig? Vielleicht kannst du auf deine Bedürfnisse eingehen: Iss oder trink etwas, gähne und streck dich oder lege dich 10 Minuten schlafen, mache einen kleinen Spaziergang oder fang direkt mit Elan an, schreibe störende Gedanken auf und lege sie für die Session zur Seite, mache deine Lieblings-Yogaübung ... Wem das alles zu kompliziert ist, der kann die erste Übung zum Fokussieren aus dem Kapitel »Den Kanal öffnen« machen (S. 73) und sich dadurch aufs Üben einstimmen.

Phase 2: Warm-up

Einsingübungen sind gut, um mit der Stimme in Kontakt zu kommen. Vielleicht kennst du solche Übungen aus deinem Unterricht oder von einer Übungs-CD bzw. einem Übungsfilm. Versuche in dieser Phase noch nicht, in irgendein Übungsthema einzusteigen. Lass die Stimme laufen, nichts muss perfekt sein. Nimm Bewegungen dazu, die dir gut tun. Vielleicht kannst du Verspannungen wahrnehmen und durch Bewegung mildern. Wenn dir keine Bewegung einfällt, dann laufe beim Singen durch den Raum, die Arme pendeln, die Schultern sind locker, du bist gut aufgerichtet, der Nacken ist beweglich. Du kannst die Stimme in verschiedene Tonhöhen und Lautstärken führen, aber achte dabei auf Grenzen. Was braucht deine Stimme? Willst du viele schnelle Töne oder eher etwas Ruhiges? Wer keine Lust auf Einsingübungen hat, kann stattdessen einen für ihn leicht zu singenden Song nehmen.

Phase 3: Einsteigen

Jetzt geht es richtig los. Überlege dir genau, welche Ziele du heute hast, formuliere sie für dich und schreibe sie auf.

- Beispiel 1: In einem neuen Song gibt es einen sehr hohen, lauten Refrain. Der Sänger hat zwei Stimmübungen auf einer DVD gesehen, die ihm helfen könnten. Seine Ziele notiert er so: »Ich werde beide Stimmübungen nacheinander mehrmals im Refrain ausprobieren. Wenn mir die Übungen geholfen haben, probiere ich den Übergang von der Strophe in den Refrain.« Günstig ist, nicht immer den ganzen Song zu singen, sondern Teile herauszunehmen, an denen man etwas üben möchte.

- Beispiel 2: Ein Sänger hat bemerkt, dass er beim Singen immer eine ganz bestimmte, sehr angespannte Haltung einnimmt. Sein formuliertes Ziel: »Ich werde einen Song singen und dabei nacheinander verschiedene Körperbewegungen ausprobieren, nämlich gehen, liegen und sitzen.«
- Beispiel 3: Ein Sänger möchte seine emotionale Ausdruckskraft bei einem Song verbessern. Sein Ziel lautet: »Ich werde zwei verschiedene Übungen aus dem Kapitel ›Den Kanal öffnen‹ an meinem Lieblingssong ausprobieren« (siehe S. 71–91).
- Beispiel 4: Ein Sänger hat in seiner Gesangsstunde eine entspannte Art kennengelernt, tiefe Töne zu singen. Er formuliert: »Ich werde die neuen Gesangsübungen ein paar Mal wiederholen.« Dieser Sänger übt nicht mit einem Song, sondern mit einer Tonfolge, die er im Unterricht erlernt hat und die er in Halbtonschritten immer tiefer führt.
- Beispiel 5: Ein Sänger hat immer einen sehr hauchigen Stimmsound, die Stimmlippen schließen also nicht ganz beim Singen. Er hat eine Atemübung kennengelernt, die ihm hilft, auch mal einen unhauchigen Sound zu haben. Sein Ziel: »Ich werde verschiedene Songpassagen mit dieser Übung singen.«

Das klingt vielleicht etwas verschult, aber diese klare Zielsetzung hilft dir, dich zu motivieren und dich beim Üben nicht in den vielen Möglichkeiten zu verlieren. Wie viele Ziele du für eine Übungssession hast, hängt natürlich auch davon ab, wie viel Zeit du mitbringst. Nimm dir nicht zu viel vor, mache lieber ein, zwei Dinge richtig, als mehrere halb.

Phase 4: Musizieren

Nicht alles lässt sich sofort auf einen Song übertragen. Manchmal kann man etwas in einer Stimmübung schon ganz gut, scheitert aber beim Song an einer ähnlichen Anforderung. Es ist ganz normal, dass es unter Umständen etwas dauert, bis Fähigkeiten abrufbar werden. Oder du hast dich mit einer Übung beschäftigt, in der es nicht direkt um einen passenden Sound für einen Song ging, sondern eher um allgemeine und gesunde Stimmbildung oder um eine feinere Wahrnehmung von Stimmzusammenhängen.

Trotzdem finde ich es schön, eine Übungssession mit dem zu beenden, worum es im Endeffekt geht, mit dem Musizieren. Wenn also der Übertrag (noch) nicht funktioniert, dann sing doch einfach deinen Lieblingssong:

- Der Sänger in Beispiel 1 könnte den Song zum Abschluss nochmal mit dem Fokus auf dem emotionalen Ausdruck singen.
- Der in Beispiel 2 kann ausprobieren, ob er sich beim Singen jetzt schon etwas weniger angespannt fühlt.
- Sänger 3 hat vielleicht Lust, nochmal einen ganz anderen Song zu singen, der wieder alles »freipustet«.
- Sänger 4 findet eventuell einen Song, der etwas tiefer liegt und beobachtet, ob die Tiefe sich schon leichter anfühlt.
- Und Sänger Nr. 5 probiert, ob er den neuen Stimmklang in einem Song einsetzen kann.

Die Spielwiese: Songwriting, Improvisation und Experimente

Üben wird schnell verkopft und »erwachsen«. Wir wollen etwas schaffen, zielführend arbeiten, effektiv sein – und verlieren dabei unter Umständen die Essenz des Singens aus den Augen: den Spaß, das Musikmachen, die Kommunikation mit anderen, den Gefühlsausdruck. Um immer wieder zu diesen Wurzeln (zurück) zu gelangen ist es hilfreich, das Üben spielerisch anzugehen – also auszuprobieren, zu experimentieren, den Kopf und das Herz zu öffnen für den kreativen Flow.[22] Im vorherigen Kapitel, »Ausdrucksstark singen«, steht vieles zu den Themen »Songwriting«, »Improvisation« und »Stimmklänge« – samt praktischen Übungstipps –, was ich auch allen, die Anregungen fürs spielerische Üben suchen, ans Herz legen möchte. Oder wie wäre es, mal einen Song zu singen, der ganz anders ist, als das, was du sonst machst? Was bringt dir vielleicht jene auf den ersten Blick merkwürdige Gesangsübung, die du im Internet entdeckt hast? Wie klingt deine Stimme, wenn du beim Singen liegst oder hüpfst?

Während man sonst mit dem Üben meistens ein konkretes Ziel verfolgt (»meine Bruststimme soll kräftiger werden«, »ich will eine bessere Intonation haben«, »ich will den Song XY dynamischer singen« ...), ist es auf der »Spielwiese« umgekehrt: Wir probieren und experimentieren und lassen uns von dem Ergebnis überraschen. Vielleicht kann man beim Improvisieren auf einmal viel leichter in der Höhe singen, beim Herumprobieren mit Stimmklängen bekommt die Stimme eine neue, ganz unbekannte Nuance, beim Songwriting entdeckt man sein Faible für ruhige Töne ... Du kannst immer nur das gezielt ansteuern, was innerhalb deines Vorstellungsvermögens liegt – vielleicht entdeckst du beim Experimentieren aber

---

22 Literaturtipp: Vom Erfinder des Flow-Begriffs in der Psychologie, Mihaly Csikszentmihalyi, stammt das interessante Buch »Kreativität: Wie sie das Unmögliche schaffen und ihre Grenzen überwinden« (Klett-Cotta, 2007)

auch Dinge jenseits deines bisherigen Horizontes. Mal auf unbekanntem Terrain zu sein macht dich auf jeden Fall freier und stärker. Und noch mal für alle, die immer noch ausschließlich an die Formel »Üben = Pauken + Anstrengen« glauben: Ja, das spielerische Lernen ist besonders effektiv.

Auch Tätigkeiten, von denen man es vorher nicht gedacht hätte, können beim Singen helfen: Ein Salsa-Tanzkurs hilft dem Timing auf die Sprünge, das Skateboardfahren verbessert Körpertonus und Balance, Meditation vertieft die Atmung, ein Theaterworkshop verhilft zu einer stärkeren Ausdruckskraft.

Stimmfähigkeiten versus Ausdruck

Der Idealfall: Du singst deine Songs mit einem tollen emotionalen Ausdruck und deine Stimmfähigkeiten und -eigenheiten unterstützen dich dabei. Heraus kommt eine Stimme, die den Hörer packt und unverwechselbar ist. Auf dem Übungsweg dahin kann aber einiges schiefgehen. Mancher Sänger bekommt das Gefühl, durch das Üben etwas sehr Ursprüngliches verloren zu haben. Früher hat er einfach drauflosgesungen, jetzt ist das Singen eine kopflastige Angelegenheit geworden. Tatsächlich funktioniert Veränderung oft zuerst über das Bewusstmachen von Fehlern und Blockaden, worauf dann das bewusste Verändern folgt. Manchmal kommt man um diesen Weg einfach nicht herum, wenn man seine Grenzen erweitern oder seine Stimme beschützen will. Man weiß dann um die Fehler und kann etwas dagegen tun.

Ein Beispiel: Der Sänger einer ziemlich lauten und harten Rockband schreit sich so nach und nach die Stimme kaputt und geht deshalb zum Unterricht. Jetzt muss er lernen wahrzunehmen, wann er zu viel Druck macht, in welchen Passagen er sich regenerieren kann, wie er mehr Unterstützung durch seine Atmung bekommt, welche Stimmklänge besonders schädlich sind – und die schöne Zeit des gedankenlos herausgebrüllten Rock ist vorbei.

Ein weiteres Beispiel: Ein Singer/Songwriter singt schon lange eigene Songs mit Gitarrenbegleitung. Bei seinen ersten Studioaufnahmen stellt er fest, dass einige Töne, vor allem langgezogene, ziemlich schief sind. Er findet heraus, dass eine bestimmte Art des Vibratos mit dazu beiträgt, und das versucht er sich jetzt abzugewöhnen. Diese Konzentration auf die falsche Intonation stört ihn nun dabei, sich voll auf die Emotion des Songs einzulassen. Sobald er sich einfach in die Interpretation fallen lässt, tauchen die falschen Töne wieder auf.

Beide Sänger sind also noch nicht am Ende der Übungsreise angekommen. Ziel ist es ja, wie schon vorher in diesem Kapitel beschrieben, die

Neuerungen zu verinnerlichen und so stabil im Körper und Gefühl zu etablieren, dass der Kopf wieder weniger beteiligt ist. Vielleicht muss der Rocker immer etwas mehr auf seine Stimme aufpassen als früher und eventuell sogar die Songs verändern, vielleicht bleibt es für den Singer/Songwriter immer eine kleine Herausforderung, emotional und mit einer guten Intonation gleichzeitig zu singen – denn packendes Singen ist immer ein Balanceakt zwischen Gefühl und Kopf bzw. zwischen Loslassen und Kontrolle. Glückliche Singmomente sind die, in denen sich dieses Gleichgewicht scheinbar ohne unser Zutun einstellt und das volle Gefühl mit unserem Stimmpotenzial zusammenfließt. Großartige Sänger erkennt man auch daran, dass sie diesen Zustand in sich abrufen können – und damit meine ich nicht nur die virtuosen Stimmkönner, sondern das ganze Spektrum der Popsänger.

Diese Balance ist auch beim Üben wichtig. Wer sich nur auf Stimmtechnik konzentriert, verliert womöglich den Ausdruck aus dem Blick. Wer nur auf Emotion setzt, behält stimmliche Probleme. Wichtig aber ist, dass die Stimmfähigkeiten – und »-unfähigkeiten« – immer im Dienst des Ausdrucks stehen. Die Frage ist also immer: Was musst du können, um deine Songs überzeugend (und gesund) zu singen? Klingt der Song wirklich toller, wenn der hohe Ton entspannter wird oder bringt gerade die Anstrengung eine besondere Qualität? Muss die Artikulation klarer werden oder ist das Nuscheln charmant? Brauchst du in der Strophe wirklich einen glatten Übergang zwischen den Registern oder klingt ein Bruch zwischen Kopf- und Bruststimme emotionaler? Wo sind deine Stärken, wo deine spannenden Eigenheiten? – Solche Fragen alleine zu beantworten ist nicht immer so leicht. Wer sich unsicher ist, kann Bandkollegen, andere Sänger, Gesangslehrer oder Freunde zu Rate ziehen. Dabei ist interessant, wo sich alle einig sind und wo es Geschmacksunterschiede gibt. Wenn mehrere Hörer bei einem Ton Zahnschmerzen bekommen, ist da wahrscheinlich etwas nicht in Ordnung, wenn einer deinen Stimmklang liebt, der andere ihn nervig findet, ist es eher eine Geschmackssache.

Noch ein wichtiger Punkt zum Thema »Stimmfähigkeiten«: Es gibt Übungen, die unsere Stimme gesünder und schwingungsfähiger machen. Damit lernen wir, einen guten Stimmbandschluss zu haben, ökonomisch mit dem Atem umzugehen und unsere Resonanzräume gut auszunutzen. Der so entstehende Stimmklang ist nicht ästhetisch motiviert, sondern funktional und kann vielleicht nicht eins zu eins in einem Song eingesetzt werden. Dennoch ist es, besonders wenn man einen eher anstrengenden Gesangsstil pflegt, sehr hilfreich, einen gesunden Stimmansatz zu haben, um sich damit regenerieren zu können. Je besser man diesen Ansatz abrufen kann, desto beherzter kann man in stressigere Stimmsituationen gehen. Die Wahrnehmung wird geschärft, Ungesundes leichter erkannt. Hier muss man dann aber manchmal einen deutlichen Schnitt zwischen Stimmübung und Songinterpretation machen.

Ein Beispiel: Ein Sänger lernt, seinen Brustkorb beim Einatmen und Singen mehr zu dehnen. Beim Einatmen hebt er die Arme seitlich bis auf Schulterhöhe und lässt sie beim Singen so weit ausgebreitet. Die Bewegung tut seiner Stimme so gut, dass er sie jedes Mal zum Einsingen macht. Die Atmung wird tiefer, der Klang voluminöser und freier. Der Strophentext des Songs, den er singen möchte, beschreibt aber einen Mann, der sich in einer einzwängenden, ausweglosen Situation befindet. Um die Strophe überzeugend zu singen hilft es ihm, die Schultern hoch zu ziehen, die Arme an den Körper zu drücken und seinen Körper zu einer Art Gefängnis zu machen, also das genaue Gegenteil von dem, was er in der Übung erfahren hat. Im hymnischen Refrain geht es um Befreiung, jetzt kann er auf das Körpergefühl der Übung zurückgreifen und die Spannungen der Strophe lösen.

Hilfsmittel zum Üben

Beim Üben kann es sehr hilfreich sein, sich nicht nur auf Gehör und Wahrnehmung im Moment des Singens zu verlassen, sondern sich dabei zu beobachten, zu filmen und aufzunehmen. Viele Bewegungen sind für uns so gewohnt, dass wir sie gar nicht mehr wahrnehmen. Ein Hilfsmittel ist da der Spiegel. Wir können ihn natürlich nutzen, um Bühnenposen auszuprobieren, aber darum geht es in diesem Fall nicht. Ein Beispiel: Ein Sänger hat sich angewöhnt beim Einatmen die Schultern hochzuziehen. Dadurch baut er eine Spannung auf, die für die Stimme ungünstig ist. Diese Bewegung fühlt er nicht, sieht sie aber im Spiegel sofort und kann so üben, anders einzuatmen.

Noch effektiver ist das Aufzeichnen mit einer Kamera, über die ja schon die meisten Laptops und Handys verfügen. Die Tonqualität ist zwar oft nicht so toll, aber dafür kann man sich beim Singen aus verschiedenen Perspektiven beobachten. Ein Beispiel: Ein Sänger stellt fest, dass seine Stimme voluminöser klingt, wenn er eine gute Körperaufrichtung hat. Oft neigt er aber dazu, zu übertreiben und in ein Hohlkreuz zu gehen, ohne es zu bemerken. Mit Hilfe der Filmaufzeichnung kann er jetzt beobachten, wann das passiert und seine Wahrnehmung dafür trainieren.

Selbst wenn man keine konkrete Übungsidee hat, kann man durch die Beobachtung von außen schlechte Gewohnheiten und ungünstige Spannungen selber entdecken.

Ein weiteres wichtiges Hilfsmittel ist die Tonaufnahme.[23] Laptops, Handys usw. können das leisten, allerdings ist auch hier die Qualität oft nicht besonders gut. Da lohnt es sich, etwas mehr zu investieren, um den Gesang so aufzunehmen, dass nicht schon allein der Sound zu Frustration führt. Die eigene Stimme nimmt man von außen anders wahr als von innen. Zum einen klingt sie tatsächlich durch fehlende nur vom Singenden selbst hörbare Knochenvibrationen verändert (wahrscheinlich kennt fast jeder den Schreck, seine Stimme auf einer Aufnahme zu hören). Zum anderen gibt es, ähnlich wie bei den Bewegungen, Eigenheiten oder Ticks, die einem erst durch das Hören von außen bewusst werden. Die Aufnahme ist eine große Chance, sich selbst zu coachen. Auch im Bereich des emotionalen Ausdrucks ist dieses Medium sehr hilfreich. Es kann sein, dass man beim Singen das Gefühl hatte, schon zu übertreiben und dann beim Anhören der Aufnahme feststellt, dass man sogar noch eine Schippe Drama dazulegen kann. Umgekehrt lässt sich durch Aufnahmen ein aufgesetzter oder übertriebener Stimmausdruck gut entlarven.

Wem beim Üben eine Band fehlt, der kann eine riesige Auswahl an Playbacks finden. Es gibt Notenbücher mit Begleit-CD und Playback-CDs (übrigens auch in vielen öffentlichen Leihbüchereien), legale Downloadmöglichkeiten (Suchbegriffe sind hier »Playback«, »Karaoke« oder »Instrumental«) und Angebote von Hobbybastlern, die ihre selbstgemachten Werke zur freien Nutzung im Netz zur Verfügung stellen.

Noten, Harmonielehre, Gehörbildung, Instrumentalspiel

Wenn es um Musiktheoriekenntnisse geht, findet man in der Popmusikwelt alles: berühmte Songwriter, die keine einzige Note schreiben können und virtuose Autodidakten, die noch nie etwas von Harmonielehre gehört haben, aber auch geniale Arrangeure, die ganze Partituren aus dem Kopf notieren und »Cracks«, die komplizierte Jazzstücke durchanalysieren können. Instrumentalisten wird auf ihrem musikalischen Werdegang höchstwahrscheinlich zumindest die eine oder andere Ton- oder Harmo-

---

23 Ich verzichte hier bewusst darauf, konkrete Computerprogramme oder Produkte zu nennen, weil das den Buchrahmen sprengen würde. Außerdem ist im technischen Bereich die Entwicklung so schnell, dass meine Tipps wahrscheinlich schon bald veraltet wären. Im Fachhandel, aber auch in Internetforen, Videoportalen und in Fachbüchern bekommt man praktische Tipps zu den Themen »Gesangsaufnahmen« (oder »Vocalrecording«) und »Homerecording« bzw. »Recording«. Für viele reicht eine Aufnahmemöglichkeit, mit der man einfach den Raumklang mitschneiden kann, also z. B. ein mp3-Rekorder, andere haben Lust, weiter zu gehen und den Gesang mit Mikrofon z. B. im Computer aufzunehmen und zu bearbeiten.

niebezeichnung begegnen, aber als Sänger kann man es nur mit einem guten Gehör und dem richtigen Feeling bis ganz nach oben schaffen. Bei Popmusikern gibt es ja auch die weitverbreitete Angst, dass zu viele Theoriekenntnisse das spontane, intuitive Musizieren verderben.

Man kann also als Sänger auf Musiktheorie verzichten – damit verzichtet man aber gleichzeitig auf viele Möglichkeiten. Zunächst sind Noten und Harmoniebezeichnungen eine musikalische Schrift, mit der sich Musiker untereinander verständigen. Melodien und Begleitungen werden so schnell verständlich und reproduzierbar. Das erleichtert das Proben und vereinfacht Sessions und spontanes Musizieren. Eine gute Jazzband z. B. kann einen Jazzstandard, den vorher keiner der Musiker kennt, mit Hilfe von Lead-Sheets[24] sofort zusammen spielen. Laien erscheint das fast wie Zauberei, aber die Harmonie-, Melodie- und Rhythmusangaben auf dem Sheet reichen als Information aus, um, wie man sagt, vom Blatt zu spielen. Es ist letztlich sehr praktisch, sich Songs auf diese Art leichter erschließen zu können, Ideen festzuhalten und weiterzugeben, im Chor mithalten zu können und nicht als musikalischer Analphabet dazustehen, wenn sich die Bandkollegen über E-Dur und a-Moll unterhalten. Außerdem kann ich beruhigen: Einfache Noten- und Harmonielehrekenntnisse zu erlangen, ist gar nicht so schwer. Fast jede Musikschule und Bildungseinrichtungen wie Volkshochschulen usw. bieten Kurse an, außerdem gibt es für Selbstlerner jede Menge Bücher, Internettutorials und Computerlernprogramme. Sänger können in diesem Zusammenhang auch die Fähigkeit erlernen, Melodien vom Blatt zu singen, das heißt also ohne die Hilfe eines Instruments, nur durch das Lesen der Noten.

Sobald man als Sänger songschreiberisch tätig wird – dazu gehört auch z. B. das Erfinden von Backgroundstimmen, Melodiefragmenten oder einzelnen Songpassagen – ist es hilfreich, sich in der Harmonielehre etwas auszukennen: Welcher Akkord könnte jetzt am besten von der Strophe in den Refrain führen? Wieso klingt die zweite Stimme, die ich erfunden habe an einer Stelle so merkwürdig? Statt einzuschränken erweitern die Kenntnisse den Horizont und eröffnen neue Möglichkeiten.

Ähnlich ist es mit der Gehörbildung: Man braucht sie nicht zwingend, sie kann aber, gerade für Sänger, die so stark mit den Ohren arbeiten müssen, sehr hilfreich sein. Natürlich schult jeder Sänger beim Singen sein Gehör automatisch, aber es gibt Möglichkeiten, mit Hilfe von Kursen etc.

---

24 engl. *lead*, hier: Haupt-…, Führungs-…, Melodie-… u. ä.; engl. *sheet*, hier: Noten-/Blatt; gegenüber der vollständigen Notation eines Musikstückes besteht ein Lead-Sheet aus einer vereinfachten Notationsweise, die nur die Melodie (unter Umständen mit Text) und die Harmonien in Akkordsymbolschrift ausweist, was in der Jazz- und Rockmusik weit verbreitet ist.

(wie bei den Notenkenntnissen) gezielt daran zu arbeiten. Dabei gibt es die reinen Hörübungen, in denen man lernt, Harmonie- und Notenlehre mit dem Gehör zu verknüpfen und Tonintervalle, Harmonien und Melodien zu benennen und zu notieren. Beim Singen gehören Intonationsübungen, in denen man lernt, Tonfolgen sauber zu singen, dazu.[25]

Wer sich an einer Universität, Musikhochschule oder Fachhochschule für ein Studium mit Hauptfach Gesang bewirbt, muss eine Eignungsprüfung in Musiktheorie und Gehörbildung bestehen (siehe auch S. 135ff., »Popgesang als Beruf«). Das gilt auch für viele private Fortbildungsinstitute.

Für einen Sänger ist es nicht notwendig, ein Instrument spielen zu können, aber wieder gilt: Es ist dennoch sehr nützlich, sei es beim Erlernen von Songs oder beim Songschreiben. Klassische Begleitinstrumente sind Klavier und Gitarre. Das Klavier bzw. E-Piano oder Keyboard, hat den Vorteil, sehr leicht zugänglich zu sein. Man kann ganz einfach gut intonierte Töne spielen und sich über das Ausprobieren schnell Melodien oder Akkorde erschließen. Manches Keyboard verfügt über ein Metronom oder einfache Rhythmen bis hin zu einer Begleitautomatik oder eingespeicherten bzw. einspeicherbaren kompletten Songbegleitungen. Die Gitarre ist spieltechnisch zu Beginn etwas schwieriger, dafür kann man hier einige Grundakkorde lernen, die eine gute Basis fürs Songwriting sind. Viele Popsongs haben eine so einfache Harmoniestruktur, dass sie auch mit geringeren Kenntnissen auf der Gitarre begleitet werden können.

Noch etwas zu notierten Songs: Leider gibt es häufig Songnoten, die z. B. in einer anderen Tonart notiert sind als die bekannte Songaufnahme oder die vereinfachte oder sogar teilweise falsche Begleitharmonien und/oder Melodien aufweisen. Songs werden, manchmal wirklich lieblos, für Laien spielbarer und leichter lesbar aufgeschrieben. Besonders extrem ist es im Internet: Hier veröffentlichen Hobbymusiker Harmonien – und übrigens auch Texte – zu Songs, die sehr oft jede Menge Fehler haben. Und bei der Suche nach einem guten Sheet kann man feststellen, dass einer die Fehler vom anderen kopiert und sich dadurch die falschen Harmonien im Netz ausbreiten. Also ist es bei der Verwendung von Noten bzw. Sheets wichtig, die Ohren mit einzusetzen und zu prüfen, ob alles, was da steht, auch wirklich stimmt.

---

25 Ein Buch mit Begleit-CD, das als Improvisationsübungsbuch gedacht ist, aber auch Intonation und Gehör sehr gut schult, hat Judy Niemack geschrieben: Hear It and Sing It! Exploring Modal Jazz (in Engl.; Music Sales Ltd, 2006)

Außerdem sind Popgesangslinien nicht immer eins zu eins notierbar. Kiekser, Effekte, gezogene Noten, Blue Notes[26] usw. lassen sich in der klassischen Notenschrift nicht erfassen. Popsänger sollten sich die Freiheit nehmen, diese Eigenheiten trotzdem mit einzubauen.

Der richtige Gesangslehrer

Gesangsunterricht wird in Musikschulen und privat angeboten. Hat ein Lehrer einen guten Ruf oder ist dir von jemandem empfohlen worden, dann ist das natürlich schon mal ein positives Zeichen. Du kannst außerdem versuchen herauszufinden, welche Qualifikationen jemand mitbringt, also ob er Musik studiert hat, welche Aus- und Fortbildungen er gemacht hat, wie viel Berufserfahrung er mitbringt und ob er eine bestimmte Methode unterrichtet. Wenn du Gesangsunterricht in der Popmusik suchst, ist es interessant, ob spezielle Qualifikationen diesbezüglich vorhanden sind. Wie steht es mit der Erfahrung als Musiker? Vieles kann man heute durch das Internet herausfinden. Aber Vorsicht: Hier wird natürlich auch viel getrickst. Wenn jemand mit seinem großen Erfolg als aktiver Musiker wirbt, man dann aber kaum eine Veröffentlichung, Pressekritik, Konzertankündigung oder ähnliches findet, ist wahrscheinlich viel Erfindung dabei. Schmückt sich jemand mit einem Ausbildungszertifikat, ist es schon merkwürdig, wenn diese Ausbildung dann nirgends angeboten wird. Möchte dich jemand im Songwriting coachen, hat aber selber keinen einzigen selbstkomponierten Song vorzuweisen, sollte dich das stutzig machen.

Ob ein Lehrer wirklich gut für dich ist und zu dir passt, kannst du, wenn die Recherche nichts Negatives ergeben hat, am besten durch Ausprobieren herausfinden: Ein junger Lehrer, der gerade erst sein Studium abgeschlossen hat, ist vielleicht genau der richtige für dich, genauso kann es passieren, dass die Chemie zwischen dir und einem Lehrer überhaupt nicht stimmt, obwohl er ein erfahrener Pädagoge mit vielen Qualifikationen ist. Ein toller Sänger, den du von der Bühne kennst, muss nicht unbedingt ein guter Lehrer sein, umgekehrt ist mancher tolle Gesangspädagoge kein besonders begnadeter Bühnenmusiker.

Es ist ganz entscheidend, ob du dich mit jemandem Wohl fühlst. Achte auf deine Intuition: Gehst du gerne zu deinem Unterricht? Neben der

---

26 Als Blue Notes bezeichnet man Töne, die in besonderem Maß den Bluescharakter von Melodien prägen. Im engeren Sinne versteht man darunter die kleine Terz, die kleine Septime und die verminderte Quinte, deren Intonation sich jedoch von den gleichnamigen Tonstufen im westlichen Tonsystem unterscheidet.

fachlichen Kompetenz eines Lehrers sind ein paar grundsätzliche Dinge im Gesangsunterricht wichtig:

- *Respekt:* Fühlst du dich von deinem Gesangslehrer respektvoll behandelt? Respektlos ist es z. B., wenn der Lehrer sich abschätzig über Dinge äußert, die du (noch) nicht kannst oder wenn er dich auslacht. Stimmt der Umgangston? – Du solltest natürlich auch deinen Lehrer respektieren und daran glauben, dass er dir etwas beibringen kann.
- *Dialog:* Ist der Lehrer daran interessiert, was du möchtest oder hast du das Gefühl, dass er dir Ziele aufdrängt, die nicht deine eigenen sind? Habt ihr gemeinsam geklärt, wohin der Unterricht führen soll? Hört dir der Lehrer zu, wenn du Einwände hast? Beantwortet er Fragen und geht auf Schwierigkeiten ein?
- *Fördern:* Hast du das Gefühl, dass dein Lehrer dich wirklich fördern will? Hast du den Eindruck, dass du besser wirst und etwas lernst? Bekommst du ein ehrliches Feedback? Es gibt Lehrer, die den Unterricht nutzen, um dem Schüler zu zeigen, wie gut sie selber sind, welche Erfolge sie schon hatten etc., andere versuchen, sich mit den Leistungen ihrer Schüler zu profilieren. In beiden Fällen sind die Lehrer dabei, sich selber zu fördern und nicht dich.
- *Achtung der Grenzen:* Kommt dir dein Lehrer körperlich zu nah? Ist er dir zu neugierig und will auch Privates von dir wissen? Mischt sich dein Lehrer in deine Lebensführung ein oder will dir psychologische Tipps geben? Achtet er ein »Nein« von dir? Erzählt er dir zu viel Privates über sich? Lässt er dir bei Übungen die Möglichkeit »auszusteigen«, wenn Dir eine Übung nicht gefällt oder du das Gefühl hast, dass sie dir nicht gut tut?

Wenn die Bedingungen stimmen, dann ist auch die persönliche Ebene so beschaffen, dass der Unterricht fruchtbar und vertrauensvoll sein kann. Wir offenbaren im Gesangsunterricht viel von unserer Person: Ängste, Unfähigkeiten, Hemmungen, aber auch Gefühle wie Liebe, Wut usw. Manchmal fallen uns einfache Dinge schwer, mal sollen wir eine alberne Übung machen, mal werden wir von einer Songemotion geschüttelt, mal von einem schönen Singerlebnis besonders berührt … Das alles geht nur, wenn wir wissen, dass ein Lehrer damit gut umgeht.[27] Das sollte eigent-

---

27 ein interessantes Buch, nicht nur zu diesem Thema: Renata Parussel: Lieber Lehrer, Lieber Schüler, … Die funktionale Gesangspädagogik (BoD 2001)

lich selbstverständlich sein und trotzdem habe ich im Laufe der Jahre von Schülern, anderen Sängern und Kollegen schier unglaubliche Geschichten über Gesangslehrer gehört, die sich gemein, überautoritär, respektlos oder ihren Schülern gegenüber körperlich oder psychisch missbräuchlich verhalten haben. Das sind natürlich schwarze Schafe, aber trotzdem sollten bei einem Gesangsschüler die Alarmglocken klingeln, wenn er sich in dieser Weise behandelt fühlt.

Klassiktechnik für Pop?

Es gibt Gesangspädagogen, die behaupten, man müsse, um gut und gesund Popmusik singen zu können, auf jeden Fall zuerst eine Grundausbildung im klassischen Gesang machen – hiermit meine ich vor allem die Gesangsstilistik, die im 18. und 19. Jahrhundert geprägt wurde. Das halte ich schlichtweg für falsch. Dafür gibt es viel zu viele gute Popsänger, die nie eine Klassikstunde hatten und die trotzdem sehr erfolgreich und frei von Stimmproblemen singen. In meinem Unterricht, genauso wie in dem vieler guter Popmusikgesangslehrer, deren Arbeit ich kennenlernen durfte, stehen von Anfang an auch popmusikspezifische Gesangsübungen und das Singen von Songs auf dem Programm.

Im Popbereich gibt es allerdings auch Übungen, die nicht auf einen bestimmten Sound abzielen, sondern dem Übenden zu einer besseren Wahrnehmung und Nutzung der Stimm- und Atemfunktion verhelfen sollen. Wie wirkt sich eine tiefere Einatmung auf die Stimme aus? Wie klingt die Stimme, wenn der Kehlkopf sich beim Einatmen absenken darf? Welche Resonanzräume gibt es? Wie beeinflusst die Artikulation den Stimmklang? ... Bei solchen Übungen kann es sein, dass die Stimme sehr obertonreich wird, gesund schließt und schwingt und ein natürliches Vibrato bekommt und dadurch eher klassisch klingt. Diese Stimmbildung kann als Basis von allen Sängern genutzt werden – die speziellen Anforderungen des jeweiligen Stils werden dann in anderen, weiterführenden Übungen bearbeitet. Ein Sänger, der seine Stimme gut kennt, kann theoretisch jeden Stil singen, er braucht nur zu wissen, was er jeweils stimmlich verändern muss. Ein gutes Beispiel ist Kristin Chenoweths Interpretation des Songs *The Girl In 14-G*: Virtuos ruft sie in diesem Song – übrigens auch live – ohne Übergang perfekte Musical-, Opern- und Jazzgesangsklänge ab. Auch Nina Hagen ist eine Sängerin, die immer wieder zwischen opernhaften und rockigen Stimmsounds hin- und herwechselt. Wer also seine Stimme umfassend kennenlernen möchte und entdecken will, was sie an Sounds so alles hergibt, der sollte auch um den klassischen Klang keinen Bogen machen.

In Deutschland sind (noch) sehr viele studierte Gesangslehrer klassisch ausgebildet. Das ändert sich allmählich, weil in immer mehr Musikhochschulen das Studium der Popularmusik angeboten wird. Popgesangslehrer haben ihre Ausbildung oft in einer Hochschule im Ausland absolviert oder sich an privaten Instituten und durch entsprechende Kurse speziell fortgebildet. Dazu kommen noch die Lehrer, die nur ihre eigene Erfahrung als Popsänger als Grundlage für ihren Unterricht nutzen. Das kann funktionieren, aber oft stoßen diese Lehrer-Autodidakten in puncto Stimmtechnik und Pädagogik schnell an ihre Grenzen. Mancherorts ist also weit und breit kein guter Popgesangslehrer zu finden. Eine, oft leider nicht besonders preisgünstige, Lösung ist es, Workshops zu besuchen, die von qualifizierten Popgesangslehrern angeboten werden. Wer lieber vor Ort regelmäßig zu einem klassischen Lehrer gehen möchte, der sollte darauf achten, dass dieser Lehrer Popmusik überhaupt mag. Einige klassische Lehrer schimpfen über die schlechten Sänger und die ungesunde Stimmnutzung in der Popmusik und würden sich freiwillig nie einen Popsong anhören – vollkommen o.k., Popgesangsunterricht sollten sie aber nicht geben. Eine Grundsympathie und ein Grundverständnis der Popmusik gehören schon dazu. Ein Lehrer, der behauptet, dass du Popsongs eins zu eins mit Klassiktechnik und vor allem -ästhetik singen sollst oder sogar musst, ist auch nicht der richtige. Wie ich im Kapitel »Die Pole im Popgesang« (S. 31f.) beschrieben habe, gibt es in einigen Punkten deutliche Unterschiede zwischen Pop- und Klassikgesang.

Zum Schluss

Der Popsänger in einer Band

Im Bandgefüge hat der Sänger eine Sonderrolle: Er ist die Stimme der Band, also derjenige, der für die direkte Kommunikation zum Publikum zuständig ist. Nicht nur musikalisch, sondern auch durch den Songtext vermittelt er die Gefühle des Songs. Er öffnet sich dem Publikum emotional am stärksten und hat dabei meistens noch nicht einmal ein Instrument in der Hand, hinter dem er sich verstecken könnte. Fast immer steht er auf der Bühne, bei Interviews usw. vorne, wo sich alle Augen auf ihn richten. Bei bekannten Bands ist der Sänger das am häufigsten fotografierte, am meisten umschwärmte Bandmitglied. Deshalb ist es in einer Band manchmal schwierig, eine gute Balance zu finden: Sänger gelten oft als die Divas oder Sensibelchen, ihnen wird außerdem manchmal von den anderen Bandmitgliedern die größere Aufmerksamkeit und der Sonderstatus geneidet. Vielleicht hat der Gitarrist alle Songs geschrieben und der Drummer kümmert sich ums Booking,[28] dennoch heimst der Sänger am Ende die meisten Lorbeeren ein.

Sänger hingegen fühlen sich manchmal in ihrer nicht nur schönen, sondern auch anstrengenden Rolle unverstanden und bräuchten mehr emotionale Unterstützung von der Band. Ein bisschen mehr gegenseitiges Verständnis ist da hilfreich: Ein Sänger ist tatsächlich emotional stärker gefordert, nicht nur direkt beim Singen, sondern auch vorher und hinterher im Kontakt mit dem Publikum, der Presse etc. Dafür muss der Sänger als »Frontmann« aufpassen, dass er keine Starallüren bekommt und die speziellen Leistungen der Instrumentalisten nicht außer Acht lässt.

---

28 engl. *booking*: Reservierung; im Musikgeschäft wird das Organisieren von Auftrittsmöglichkeiten »Booking« genannt

Popgesang und Technik

Popgesang wird in den meisten Fällen elektrisch verstärkt. Selbst, wenn dabei die Stimme einfach nur möglichst naturgetreu abgebildet werden soll, setzt das voraus, dass sowohl das Mikrofon, als auch alle weiteren Verstärker und die Boxen bzw. das Aufnahmemedium das auch tun. Nur hochwertiges Equipment schafft es einigermaßen, diesen Anspruch zu erfüllen. Die Qualität der technischen Komponenten und auch die Fähigkeiten desjenigen, der sie bedient, sind entscheidend dafür, wie gut der Gesang »rüberkommt«. Die meisten kennen so etwas: Die Monitoranlage[29] im Club scheppert penetrant oder der Haustechniker macht die Gitarren draußen so laut, dass die Stimme überdeckt wird. Man singt mit aller Inbrunst in einem kleinen Demostudio, doch der aufgenommene Gesang scheint am Ende matt und zweidimensional. Im Proberaum wird die Stimme über einen billigen Verstärker gejagt und klingt zum Wegrennen.

Dieser Kampf mit der Technik gehört zum Alltag der meisten Sänger dazu. Deshalb kann es sehr nützlich sein, sich als Sänger auch mit dem Equipment zu beschäftigen: Warum klingt es gerade mies und kann ich etwas daran ändern? Welches Mikro ist gut? Wodurch entsteht ein Feedback?[30] Einige Sänger verlassen sich ganz auf die – hoffentlich ausreichenden – Fähigkeiten von Tontechnikern oder Bandkollegen, obwohl sie doch genauso von der Technik abhängig sind, wie der E-Gitarrist oder der Keyboarder. Ein gutes eigenes Gesangsmikrofon gehört zur Sänger-Grundausrüstung, empfehlenswert ist außerdem eine eigene Gesangsanlage, um sich damit gegebenenfalls bei Proben oder beim Live-Auftritt selbst verstärken zu können.

Neben der reinen Verstärkung leistet die Technik natürlich noch einiges mehr, denn der Gesang kann damit verschönert und verändert werden. Geräte und Computerprogramme versehen die Stimme mit Effekten wie Hall, Echo oder Verzerrung, sie verbessern die Intonation (siehe S. 38f., »*gerade – schief*«), verändern die Frequenzen usw. Wer hier als Sänger

---

29 Die Monitoranlage ist der Teil der Verstärkeranlage, der die Musiker auf der Bühne beschallt. Diese Tonmischung klingt meistens ganz anders, als die vor der Bühne, also fürs Publikum, und ist oft auf jeden Musiker und seine Bedürfnisse individuell abgestimmt

30 engl. *feedback*, hier: Rückkopplung; unangenehmer Pfeifton, der z. B. entsteht, wenn ein Mikrofon zu nah an einer Box steht und dadurch eine Tonschleife hervorgerufen wird

einen grundsätzlichen Durchblick hat, kann viel für die Qualität tun, die am Ende aufs Ohr des Zuhörers trifft, entweder weil er selber die Knöpfchen und Regler richtig bedient oder weil er mit dem entsprechenden Techniker kommunizieren kann, um z.B. gezielt um einen anderen Stimmsound, mehr Hall o.ä. zu bitten.

Viele Sänger bekommen bei Studioaufnahmen mit Hilfe der Technik ein ganz eigenes Stimmdesign verpasst, das den Stimmklang über die eigenen Gesangsfähigkeiten hinaus unverwechselbar macht. Und mäßige Stimmen werden, vor allem für kommerzielle Popproduktionen, aufgepumpt, begradigt und normiert. Man kann sich diese Bearbeitung der Stimme damit vergleichen, wie mit Bildbearbeitungsprogrammen Bilder von Menschen »getunt« werden, die zwar erkennbar bleiben, aber auf den Fotos faltenfreier, makelloser und schlanker als in der Realität aussehen. Die meisten Hörer bemerken diese Bearbeitung der Stimme gar nicht und versuchen beim Nachsingen, den Klang zu imitieren – und nehmen es dabei womöglich nicht nur mit einer guten Originalstimme, sondern einer ganzen Armada von technischen Geräten bzw. Computerprogrammen auf. Das als kleine Beruhigung fürs Singen zu Hause: Eine unverstärkte Stimme im Raum kann nicht so klingen, wie viele Stimmen in heutigen Hightech-Produktionen.
Nicht zuletzt gibt es unglaublich viele Möglichkeiten, Technik kreativ einzusetzen. Spannende Live-Sounds entstehen mit Loopern,[31] Vocodern,[32] Effektgeräten usw. Im Homerecordingstudio[33] kann man sich selbst aufnehmen, die Stimme bearbeiten, Backgroundstimmen erfinden, Songs komponieren und unendlich viele Sounds nutzen.

Zu diesem Thema gibt es jede Menge Fachbücher, Videotutorials und Foren. Ich möchte an dieser Stelle Sänger ermuntern, sich mit den technischen Möglichkeiten zu beschäftigen, um einen besseren Sound zu erreichen – denn was nützt die tollste Stimme, wenn von ihr nur die Hälfte beim Publikum ankommt?

---

31 engl. *loop*: Schleife; mit einem Looper lassen sich verschiedene, nacheinander eingespielte bzw. eingesungene Phrasen immer wieder im Kreis abspielen und während der Performance übereinanderschichten.

32 Mit dem Vocoder lässt sich die Stimme vielfältig bearbeiten, z.B. so, dass sie wie ein – auch mehrstimmig gespieltes – Keyboard klingt, wobei die Textartikulation erhalten bleibt.

33 ein kleines Studio in den eigenen vier Wänden oder im Proberaum, das im Gegensatz zum großen Profistudio mit einfacherem Equipment und weniger Raum auskommt

Popgesang und Alter

Ich finde, dass es für Sänger in der Popmusik keine Altersbegrenzung nach oben gibt. Die Musik ist zwar geprägt vom Jugendkult, der sicherlich auch mit der rebellischen Anti-Haltung mancher Strömungen zu tun hat. *My Generation* von The Who bringt es mit dem Satz »I hope I die before I get old« auf den Punkt. Justin Bieber hat wahrscheinlich in erster Linie ganz junge Fans. Und Madonna huldigt schönheitsoperiert und durchtrainiert auf anstrengende Weise dem Jugendwahn. Aber viele Helden der Sechzigerjahre, wie zum Beispiel Mick Jagger und Paul McCartney, sind inzwischen schon ganz schön in die Jahre gekommen und gehen dennoch immer noch auf die Bühne. Ein Ray Charles war auch am Ende seines Lebens gesanglich unschlagbar und Aretha Franklin singt mit über 70 Jahren noch alle an die Wand. Selbst wenn die Stimme im Alter leidet, gibt es gerade im Popgesang die Möglichkeit, diese Ecken und Kanten, die Rauheit oder Brüchigkeit, in den Gesang mit einzubauen. Johnny Cash und Joni Mitchell als Beispiel für spannend gealterte Stimmen habe ich schon in der Einleitung genannt. Und vor Kurzem habe ich eine Aufnahme des bekannten amerikanischen Stars Doris Day aus den Achtzigerjahren gehört, auf der die schon über 60-jährige Sängerin ein vollkommen anderes Timbre hat, als in jungen Jahren. Der 1962 geborene Dave Gahan, Sänger der berühmten englischen Band Depeche Mode, ist mit über 50 Jahren erfolgreicher denn je. Die Musik seiner Band hat sowohl Liebhaber der ersten Stunde, also aus den frühen Achtzigern, als auch ganz junge Fans, die diese Band gerade erst für sich entdecken. Dass Sänger erst im Alter berühmt werden, kommt allerdings – noch – selten vor. Ein Beispiel ist Ibrahim Ferrer, der zwar in seiner Heimat Kuba erfolgreich war, aber erst 1998, also mit 71 Jahren, durch das Album und den Film *Buena Vista Social Club* weltbekannt wurde und 2004 einen Grammy erhielt.

In meinen Unterricht kommen häufig Menschen mittleren Alters und sogar Senioren, die Popmusikgesang lieben und sich erst in dieser Phase ihres Lebens die Zeit fürs Singen nehmen – oder die erst jetzt den Mut dazu haben. Ich finde es großartig, wenn sich jemand, in welchem Alter auch immer, den innigen Wunsch nach Singen erfüllt. Warum nicht mit 50 in einen Popchor gehen oder mit 70 eine Band gründen?

Auch nach unten gibt es natürlich keine Altersbegrenzung, viele Kinder lieben es, bei ihrer Lieblingspopmusik mitzuschmettern. Das professionelle Auftreten von Kinderstars, wie z.B. dem jungen Michael Jackson, ist aber häufig Ausbeuterei. Gerade in den USA schuften Stars manchmal schon von Kindesbeinen an, um erfolgreich zu sein. Aus der US-amerikanischen Fernsehsendung »Mickey Mouse Club« mit Kinderdarstellern z.B. gingen so bekannte Sänger wie Britney Spears, Justin Timberlake oder Christina Aguilera hervor.

Wenn Kinder und Jugendliche Popmusik singen, sollten sie und ihre Eltern beachten, dass Kinderstimmen empfindlicher sind und stärkere Belastungen unter Umständen nicht so locker wegstecken wie Erwachsenenstimmen. Ungesundes Singen kann dann schon früh Stimmstörungen hervorrufen. Außerdem ist eine Stimme in der Pubertät durch Hormone und Wachstum starken Veränderungen ausgesetzt, am deutlichsten hörbar beim sogenannten Stimmbruch der Jungen. Also bei Heiserkeit oder sonstigen unguten Stimmklängen, ebenso wie bei Schmerzen und Unwohlsein beim oder nach dem Singen am besten zum Fachmann, also zum Phoniater bzw. Hals-Nasen-Ohrenarzt, gehen und Gesangsunterricht nehmen! (Siehe auch die Ausführungen zum Thema »Stimmgesundheit«, S.99).

Popgesang als Beruf

Viele Sänger träumen davon, »entdeckt« zu werden, um fortan nur noch tolle Songs zu singen und damit reich und berühmt zu werden. Das ist ein schönes Märchen – in der Realität sieht das Leben eines Popsängers anders aus. Natürlich gibt es die beglückenden Momente auf der Bühne, beim Proben und im Studio, den Applaus und das Lob der Fans, Partys, tolle Kritiken und viel Abwechslung – da sind aber auch anstrengende Reisen, Verrisse, leere Clubs, langweiliges Warten, ungünstige Arbeitszeiten, kreative Durststrecken ... Berühmte Stars sind manchmal monatelang unterwegs, müssen vor einem Millionenpublikum funktionieren, werden auf Schritt und Tritt beobachtet und sollen immer wieder höchste Qualität abliefern. Unbekannte Sänger tingeln durch kleine Clubs, halten sich mit Nebenjobs über Wasser und träumen vom großen Durchbruch. – Ja, ich will hiermit ein bisschen desillusionieren, weil ich schon so viele junge Leute getroffen habe, die ein sehr unrealistisches Bild vom Sängerberuf hatten. Sie werden gelockt vom Glamour und Geld, aber auch von der Tatsache, dass sie als Popsänger die Musik und den Gesang zum Beruf machen können. Als Popsänger braucht man neben dem Talent eine riesige Liebe zum Singen, jede Menge Kreativität und ganz viel Durchhaltevermögen. Sehr viele Sänger müssen sich zusätzlich zum eigentlichen Musizieren auch um Dinge wie Management, Öffentlichkeitsarbeit, Booking, Styling, Fankontakt usw. kümmern. Vielseitigkeit, Netzwerken und gute Selbstorganisationsfähigkeiten sind gefragt.

Das Berufsbild gleicht oft einem Patchworkteppich: Der eine steht abends mit seiner Band auf der Bühne und gibt tagsüber an einer Musikschule Gesangsunterricht, der andere singt in drei verschiedenen Cover-Bands und bekommt ab und zu Studiojobs für Werbejingles, einer singt in einer deutschlandweit bekannten Band Background und hat seine eigene Künstleragentur, ein anderer schreibt eigene Songs und arbeitet zusätzlich in einer Galaband mit gut bezahlten Jobs ... Es gibt aber auch den Halbtagslehrer mit gut laufender Profiband und den Geheimtipp-Chansonnier mit Yogastudio. Sänger, die alles auf eine Karte setzen und sich ganz auf die eigene Musik konzentrieren, haben entweder großes Glück und sind damit so erfolgreich, dass sie davon leben können oder kommen um Zusatzjobs jeglicher Art nicht herum.

Wer eine solide musikalische Ausbildung haben möchte, kann an einer Hochschule, Universität oder Akademie studieren (siehe Anhang, S. 141ff.). An den meisten Instituten studiert man acht Semester mit dem Studienziel »Bachelor«. Zugangsvoraussetzung ist das Abitur oder, an einigen Instituten, die Fachhochschulreife, allerdings dürfen auch Studienbewerber ohne diesen Schulabschluss studieren, sofern sie eine besondere Eignung für das Studium vorweisen können. In einer Eignungsprüfung, die alle Bewerber absolvieren müssen, stehen u.a. Tests in Gehörbildung und Musiktheorie, sowie ein Vorsingen und eventuell Vorspielen eines Instruments auf dem Programm. Jedes Institut konzipiert eigene Eignungsprüfungen, deshalb ist es für Studienbewerber ganz wichtig, sich vorher über die genauen Voraussetzungen und Anforderungen zu informieren! Auch über die möglichen Kosten des Studiums am jeweiligen Institut sollte man vorher Bescheid wissen.

Die Schwerpunkte im Studium sind unterschiedlich: Einige Hochschulen legen mehr Wert auf den pädagogischen, andere eher auf den künstlerischen Aspekt. Grundsätzlich geht es um die Ausbildung im Hauptfach, dazu meistens auch mindestens in einem zusätzlichen Instrument, um das Musizieren im Ensemble und um Musiktheorie und Gehörbildung. Dazu kommen Themen wie Performance, Improvisation, Songwriting, Didaktik, Management, Musikrecht usw. Die Studienverlaufspläne jeder Hochschule lassen sich einsehen und geben Auskunft über Veranstaltungen,

Fächer und Studienschwerpunkte. Viele Hochschulen bieten Informationstage an, außerdem kann man nach Vereinbarung Sprechstunden oder Vorsingmöglichkeiten in Anspruch nehmen.

Natürlich gibt das Studium keine Garantie für einen Erfolg im Musikbusiness, aber es ermöglicht dem Studierenden, sich intensiv mit seinem Gesang, seiner künstlerischen Entwicklung und allem, was für das Sängerdasein wichtig ist, zu befassen. Im Studium tauscht man sich mit anderen aus, knüpft wichtige Kontakte und lernt, sich Konkurrenz und Bewertung zu stellen. Der Abschluss verhilft einem z. B. zu Lehrjobs an Musikschulen. Wer nach dem Bachelorstudium weiterstudieren möchte, kann an den meisten Hochschulen nach vier (manchmal zwei) weiteren Semestern noch einen Master-Abschluss anstreben. Zur Zulassung muss wiederum eine Eignungsprüfung absolviert werden.

Außer einem Studium gibt es die Möglichkeit, eine Berufsfachschule zu besuchen und dort einen staatlich anerkannten Abschluss zu machen. Hier ist kein Abitur nötig, die Ausbildung ist kürzer und muss häufig bezahlt werden, wird aber unter Umständen mit BAföG[34]-Leistungen gefördert. Außerdem bieten private Institute Ausbildungen an, die nicht staatlich anerkannt sind. Die Qualität solcher Ausbildungen ist vollkommen ungeprüft und kann hervorragend bis ungenügend sein.

Natürlich gibt es auch im Ausland unzählige Ausbildungsmöglichkeiten, beliebt sind z. B. die guten Konservatorien und Hochschulen in den Niederlanden mit dem Ausbildungszweig »lichte muziek« für Jazz-, Rock- und Popmusik.

Eine Ausbildung als Popsänger ist aber bestimmt nicht für jeden etwas. Vielen ist das Ganze zu verschult. Außerdem setzt die Ausbildung, vor allem wenn es um Didaktik geht, auf Vielseitigkeit, damit die Absolventen später fähig sind, als Musikpädagogen zu arbeiten. Wer »sein Ding« durchziehen und hauptsächlich seinen individuellen Gesangsstil pflegen will, ist unter Umständen auf einer Hochschule nicht gut aufgehoben.

34 Das Bundesausbildungsförderungsgesetz (kurz: BAföG) regelt die staatliche Unterstützung für die Ausbildung von Schülern und Studenten in Deutschland.

Stimmgesundheit

Zum Abschluss noch eine kleine Geschichte: Ich bin eine Zeitlang Mitglied in einer Facebook-Gruppe gewesen, in der sich bundesweit Sängerinnen austauschen und vernetzen. Eine Profisängerin schrieb dort verzweifelt, dass sie seit einigen Wochen immer wieder mit Heiserkeit zu kämpfen habe und fragte, was sie denn tun könne. Daraufhin kam eine ganze Reihe von Antworten mit Tipps von Inhalation über Lutschtabletten bis Stimmschonung – gut gemeint, aber die falsche Herangehensweise. Vielleicht sind unter den Ratschlägen sogar Zufallstreffer dabei, aber bei einer Stimmstörung können so viele verschiedene körperliche, psychische, stimmtechnische und äußere Faktoren Auslöser sein, dass eine Ferndiagnose, zumal ohne irgendwelche näheren Anhaltspunkte, vollkommen unmöglich ist. Bei Stimmproblemen wie Heiserkeit, auffälligen Stimmklängen, Missempfindungen oder Schmerzen, die länger als eine Woche andauern oder immer wiederkehren, gilt: Hier muss ein Fachmann, also ein Hals-Nasen-Ohren-Arzt, am besten mit Spezialisierung auf Stimmstörungen, oder ein Phoniater aufgesucht werden, der eine Diagnose mit Hilfe von genauen Untersuchungen und Ursachenforschung stellt. Er prüft, ob die Stimmlippen Veränderungen wie z. B. Knötchen aufweisen oder ob es Entzündungsherde, Schwellungen o. ä. gibt. Die Auslöser für Stimmprobleme können für Laien sehr naheliegend sein, wie z. B. eine verschleppte Erkältung oder zu lautes, anstrengendes Singen. Doch auch psychische Belastungen, Stress, Verspannungen, Medikamente, Verdauungsprobleme, Allergien, Hormone, Umweltgifte usw. können Probleme mit der Stimme verursachen. Manchmal kommen mehrere Faktoren zusammen. Erst wenn die Symptome und ihre Ursachen genau diagnostiziert sind, kann der Arzt entscheiden, was als nächstes passieren sollte.

Ich möchte hier nicht die Angst vor schlimmen Krankheiten schüren, sondern eher das Gegenteil erreichen. Ich weiß, dass Sänger mit Stimmproblemen zu Panik neigen und alle möglichen Hausmittelchen und Anwendungen ausprobieren, anstatt zum Arzt zu gehen. Dabei sind die meisten Stimmstörungen, einmal erkannt, auch zu beheben. Manchmal reicht eine Zeit der Stimmruhe oder ein bestimmtes Medikament, in selteneren Fällen, wie z. B. bei einem Stimmbandpolypen, ist eine Operation erforderlich. Oft ist für die Heilung die Eigenverantwortung des Sängers gefragt, etwa wenn es darum geht, z. B. die Ernährung umzustellen, sich das Rauchen abzugewöhnen oder Stress zu reduzieren. Sind die Stimmprobleme durch eine ungünstige Stimmnutzung der Stimme beim Sprechen oder Singen hervorgerufen worden, dann können Betroffene beim Logopäden, Atem-, Sprech- und Stimmlehrer oder Gesangslehrer lernen, die Stimme gesünder einzusetzen und sich besser zu regenerieren. Bei einem Popsänger ist es wichtig, dass der Lehrer die Anforderungen und die Ästhetik des Sängers kennt und versteht. Gemeinsam sollte man dann herausfinden, welchen Stimmsound und welche Belastung der Sänger beibehalten kann und wo er tatsächlich etwas ändern muss. Unter Umständen müssen das Repertoire, das Programm, die Anzahl der Auftritte oder die Soundbedingung auf der Bühne verändert werden, vielleicht geht es aber auch darum, an bestimmten Stellen stimmschonender zu singen, besser zu atmen, gesünder zu powern oder mehr Bewusstsein für die Stimme zu entwickeln.

Noch ein interessantes Phänomen, dem ich immer mal wieder begegne: Es gibt Sänger, die Angst haben, ihre Stimme kaputtzumachen oder eine Stimmstörung zu haben, ohne dass irgendein Anzeichen wie Heiserkeit, eine veränderte Stimme, eingeschränkte Belastbarkeit, Schmerzen, Brennen, Engegefühl etc. dafür vorliegt. Auch hier wieder zur Beruhigung: Ohne Symptome gibt es auch keine Stimmstörung. Singt jemand jeden Tag Rockmusik und der Stimme geht es bestens, dann ist alles gut. Popgesang macht nicht per se die Stimme kaputt – versprochen. Wer sich trotzdem unsicher ist, kann einfach mal sicherheitshalber beim HNO-Arzt seine Stimme untersuchen lassen.

Danksagung

Ganz herzlichen Dank an meine Freundin und Kollegin Elke Wehling für ihre Kompetenz, den fachlichen Austausch seit vielen Jahren und für ihr Mut machendes Lob. An den Musikjournalisten und Autor Ernst Hofacker, der mir jede Menge seiner Zeit und seines fachlichen Know-how einfach so geschenkt hat. An meine kritischen Testleser Holger Czajka, Axel Greive, Marga Voss und Claudia Weinspach, deren Anregungen und Verbesserungsvorschläge mir sehr weitergeholfen haben. An die Mezzosopranistin Annette Kleine für ihre Fachkompetenz im klassischen Gesang, die sie mit mir geteilt hat. An meinen Freund Georg Türk für seine Anmerkungen und dafür, dass ich mit ihm schon seit über 20 Jahren Musik machen darf und dabei stetig Neues lerne. An Michael Heptner, durch dessen großartigen Gesangsunterricht sich für meine Stimme und meinen Lebensweg entscheidende Türen geöffnet haben. Stellvertretend für die ganze Ausbildungsgruppe an Gottfried Hoffmann und Robert Eller für den seit vielen Jahren kontinuierlichen fachlichen Austausch und das gegenseitige Vertrauen. An Giulia Wahn für das tolle Coverfoto. Und an Frank Konrad für seine Liebe und Unterstützung.

Anhang

Ausbildungsstätten in Deutschland

Hier findest du so gut wie alle deutschen Hochschulen, Fachschulen etc., an denen man als Sänger einen staatlich anerkannten Abschluss im Bereich Popularmusik (inklusive Jazz) machen kann. Aufgepasst: Bei den Ausbildungen fallen sehr unterschiedlich hohe Kosten an – vom üblichen Semesterbeitrag einer Universität bis hin zu den Kosten eines Privatinstituts.
Die Ausbildungsmöglichkeiten befinden sich in einem steten Wandel. Immer mehr Hochschulen, Universitäten, Akademien und Fachschulen bieten Popularmusik als Ausbildungsfach an, Schwerpunkte in der Ausbildung werden verändert oder neue Studienrichtungen konzipiert. Deshalb lohnt es sich, zusätzlich zu dieser Liste aktuelle Informationen sowohl bei den jeweiligen Instituten als auch allgemein einzuholen. Eine gute Quelle hierfür ist das Deutsche Musikinformationszentrum:
www.miz.org/fokus_pop_rock_und_jazzausbildung.html

Hochschulen, Hochschulinstitute, Universitäten, Akademien

Bayreuth
Hochschule für evangelische Kirchenmusik der Evangelisch-Lutherischen Kirche in Bayern
Diplom Musiklehrer/in Popularmusik, postgradualer Studiengang nach einem abgeschlossenen Diplom-Musikstudium (bis zur Einführung der Master-Studiengänge)
www.hfk-bayreuth.de

Berlin
Gemeinsames »Jazz-Institut Berlin« der Hochschule für Musik »Hanns Eisler« und der Universität der Künste
Bachelor und Master of Music/Jazz
www.jazz-institut-berlin.de

Bochum / Essen

Institut für Populäre Musik /
Institut der Folkwang Universität der Künste
Master of Music – Populäre Musik
www.folkwang-uni.de/home/hochschule/organisation/institut-fuer-populaere-musik

Bremen

Hochschule für Künste Bremen
Bachelor of Music – Künstlerische Ausbildung Jazz /
Künstlerisch-Pädagogische Ausbildung Jazz
Master of Music – Künstlerische Ausbildung Jazz
www.hfk-bremen.de

Cottbus

Brandenburgische Technische Universität Cottbus-Senftenberg
Bachelor of Arts – Künstlerisch-pädagogisch Pop
www.b-tu.de

Dresden

Hochschule für Musik »Carl Maria von Weber« Dresden
Bachelor of Music – Jazz / Rock / Pop künstlerisch oder pädagogisch
Master of Music – Jazz / Rock / Pop künstlerisch
www.hfmdd.de

Hochschule für Kirchenmusik Dresden
Weiterbildung »Popularmusik in der Kirche«
www.kirchenmusik-dresden.de

Düsseldorf

Robert Schumann Hochschule Düsseldorf
Bachelor of Music – Musik und Medien
Masterstudiengang geplant
www.rsh-duesseldorf.de

Essen

Folkwang Universität der Künste
Bachelor of Music – Jazz (Performing Artist)
Master of Music – Jazz (Improvising Artist oder Artistic Producer)
www.folkwang-uni.de

Frankfurt am Main

Stiftung Dr. Hoch's Konservatorium – Musikakademie Frankfurt am Main

Bachelor of Music–Jazz und Popularmusik künstlerisch-pädagogisch
Künstlerische Reifeprüfung–Jazz und Popularmusik
www.dr-hochs.de

Freiburg

Hochschule für Kunst, Design und Populäre Musik Freiburg

Bachelor of Arts–Populäre Musik
(Schwerpunkt Performance, Pädagogik oder Songwriting/Producing)
Vorbereitungsstudium möglich
(Basisstudium Musik und Kompass Musik)
www.hkdm.de

Hamburg

Hamburger Konservatorium/Jazz & Pop Academy

Diplom Musikerziehung Jazz
Künstlerisches Grundstudium Jazz/Rock/Pop, Zeugnis
www.hamburger-konservatorium.de

Hochschule für Musik und Theater Hamburg

Bachelor of Music–Jazz
Master of Music–Jazzkomposition
www.hfmt-hamburg.de

Hochschule für Musik und Theater Hamburg

»Eventim Popkurs«, Zertifikat
www.popkurs-hamburg.de

Hannover

Hochschule für Musik, Theater und Medien Hannover Institut für Jazz/Rock/Pop

Bachelor of Music–Jazz und jazzverwandte Musik
(Schwerpunkt Performance oder Education)
Bachelor of Music–Popular Music (PM)
Master of Music–Jazz Rock Pop Performance
www.jrp.hmtm-hannover.de

Köln

Hochschule für Musik und Tanz Köln
Bachelor und Master of Music–Jazz/Pop
www.mhs-koeln.de

Leipzig

Hochschule für Musik und Theater »Felix Mendelssohn Bartholdy« Leipzig
Bachelor of Music–Jazz/Popularmusik
Master of Music–Jazz/Popularmusik künstlerisch/pädagogisch-künstlerisch o. musikpädagogisch
www.hmt-leipzig.de

Lübeck

Musikhochschule Lübeck
Bachelor of Music–Musikpraxis Popularmusik/Weltmusik/Jazz
Master of Music–Musikpädagogik Popularmusik
Bachelor of Arts–Musik Vermitteln
Master of Education–Musik Vermitteln
www.mh-luebeck.de

Mainz

Hochschule für Musik Mainz
Bachelor of Music–Jazz und Populäre Musik
Master of Music–Jazz und Populäre Musik künstlerisch
www.musik.uni-mainz.de

Mannheim

Hochschule für Musik und darstellende Kunst Mannheim
Bachelor und Master of Music–Jazz/Popularmusik
www.muho-mannheim.de

Popakademie Baden-Württemberg
Bachelor of Arts–Popmusikdesign
Master of Arts–Popular Music
www.popakademie.de

München

Hochschule für Musik und Theater München
Bachelor of Music–Jazz
Master of Music–Jazz o. Jazz Education
Zertifikatsstudium Meisterklasse–Jazz
www.musikhochschule-muenchen.de

MIMA/Hochschule für Medienkunst, Literarisches Schreiben, Popmusik & Klangkunst
Bachelor und Master of Music–Popmusik & Klangkunst
mima-university.de

Münster

Musikhochschule Münster
Bachelor of Music–Popularmusik (Musik und Vermittlung)
Master of Music–Popularmusik (Musik und Vermittlung o. Musik und Kreativität)
Zertifikatsstudienjahr
www.uni-muenster.de/Musikhochschule

Nürnberg

Hochschule für Musik Nürnberg
Bachelor of Music–Jazz künstlerisch o. künstlerisch/pädagogisch
Master of Music–Jazz künstlerisch
www.hfm-nuernberg.de

Osnabrück

Hochschule Osnabrück/Institut für Musik
Bachelor of Arts–Pop o. Jazz
www.ifm.hs-osnabrueck.de

Paderborn

Universität Paderborn
Bachelor und Master of Arts–Populäre Musik und Medien
www.uni-paderborn.de

Rostock

Hochschule für Musik und Theater Rostock
Bachelor of Music–Pop- und Weltmusik mit Klassik
www.hmt-rostock.de

Saarbrücken

Hochschule für Musik Saar

Bachelor of Music – Jazz und aktuelle Musik

Master of Music – Jazz

www.hfm.saarland.de

Stuttgart

Staatliche Hochschule für Musik und darstellende Kunst Stuttgart

Bachelor of Music – Jazz/Pop

Master of Music – Jazz

www.mh-stuttgart.de

Tübingen

Hochschule für Kirchenmusik Tübingen

Bachelor of Music – Kirchenmusik mit Popularmusikprofil

www.kirchenmusikhochschule.de

Weimar

Hochschule für Musik Franz Liszt Weimar

Bachelor und Master of Music – Jazz

www.hfm-weimar.de

Würzburg

Hochschule für Musik Würzburg

Bachelor of Music – Jazz künstlerisch o. künstlerisch-pädagogisch

Master of Music – Jazz Performance

www.hfm-wuerzburg.de

Fachschulen, Berufsfachschulen für Musik, andere Bildungseinrichtungen

Berlin

Jazzschule Berlin

Staatlich zertifizierter »Grundkurs Improvisation«

www.jazzschule-berlin.de

Dinkelsbühl

Berufsfachschule für Musik Mittelfranken

Staatlich geprüfter Leiter in der Popularmusik
Pädagogisches Aufbaujahr
(berechtigt zur Tätigkeit als Musikschullehrer)
Künstlerisches Aufbaujahr
wp.bfs-musik.de/rock-pop

Frankfurt am Main

Frankfurter Musikwerkstatt

Staatlich anerkannter Berufsmusiker und Instrumentalpädagoge
für Jazz und Popularmusik
www.fmw.de

Freiburg

International Music College Freiburg

Staatlich anerkannte Ausbildung zum Profimusiker
im Bereich Rock, Pop und Jazz
Schwerpunkte Performance, Pädagogik oder Songwriting/Producing
Im Anschluss Erwerb des Bachelor of Arts in Jazz Performance
im Newpark Music Centre Dublin möglich
www.imcf.org

Gießen

Rock Pop Jazz Akademie Mittelhessen

Staatlich geprüfter Instrumentalmusiker und Instrumentalpädagoge
Kooperation mit dem Los Angeles College of Music
www.rpjam.de

Hamburg

Hamburg School of Music

Staatlich anerkannter Berufsmusiker im Bereich Popularmusik
(Rock, Pop, Jazz)
Zertifikat Musikpädagoge im Bereich Popularmusik
Bachelor und Master of Music im Anschluss an die Ausbildung
in verkürzter Zeit an der University of Plymouth und
der Hochschule Osnabrück möglich
www.theschool.de

Sängerakademie Hamburg
Gesangsreifeprüfung – Popularmusik
www.saengerakademie.de

Hannover
Music College Hannover
Staatlich geprüfter Berufsmusiker und Musikpädagoge (Jazz/Rock/Pop)
Kooperation mit der Los Angeles Music Academy
www.musiccollege-hannover.de

Krumbach
Berufsfachschule für Musik Krumbach
Staatlich geprüfte/r Ensembleleiter/in Rock-Pop-Jazz
www.bfsm-krumbach.de

München
Neue Jazzschool München e.V.
Staatlich geprüfte/r Leiter/in in der Popularmusik
Pädagogisches oder künstlerisches Aufbaujahr
www.jazzschool.de

Nürnberg
Musication, Berufsfachschule für Musik
Staatlich geprüfte/r Ensembleleiter/in Rock/Pop/Jazz
Pädagogisches Aufbaujahr
www.bfsm-nuernberg.de

Regensburg
Music College, Berufsfachschule für Rock, Pop und Jazz
Staatlich geprüfte/r Ensembleleiter/in Rock/Pop/Jazz
Pädagogisches Aufbaujahr
www.music-academy.de

Literaturhinweise / DVD

Romeo Alavi Kia, *Stimme – Spiegel meines Selbst. Ein Übungsbuch.* J. Kamphausen Verlag, 5. Aufl., Bielefeld 2001

Wolfgang Bossinger, *Die heilende Kraft des Singens. Von den Ursprüngen bis zu modernen Erkenntnissen über die soziale gesundheitsfördernde Wirkung von Gesang.* Traumzeit-Verlag, 2. Aufl., Battweiler 2006

Julia Cameron, *Der Weg des Künstlers. Ein spiritueller Pfad zur Aktivierung unserer Kreativität.* Knaur TB, München 2009

Melissa Cross, *The Zen of Screaming Vol. 1 + 2,* DVD und CD. Alfred Music Publishing 2005

Mihaly Csikszentmihalyi, *Kreativität. Wie Sie das Unmögliche schaffen und ihre Grenzen überwinden.* Klett-Cotta, 8. Aufl., Stuttgart 2010

Peter Elkus, *The Telling Of Our Truths. The Magic In Great Musical Performance.* Peter K Elkus, 2007

Ernst Hofacker, *Von Edison bis Elvis. Wie die Popmusik erfunden wurde.* Reclam, Stuttgart 2012

Hazrat Inayat Khan, *Musik und kosmische Harmonie aus mystischer Sicht.* Verlag Heilbronn, 6. Aufl., Weinstadt 2013

Judy Niemack, *Hear It and Sing It. Exploring Modal Jazz.* Buch und CD, Second Floor Music, New York 2004

Frank Oldengott, Simon Dye, Vinícius, *Vocal Performance Coach. So entwickelst du deinen eigenen Stil. So gestaltest du deine Show. So begeisterst du dein Publikum.* PpvMedien, Bergkirchen 2009

Renata Parussel, *Lieber Lehrer, Lieber Schüler, ... Die funktionale Gesangspädagogik. Die Rabine-Methode.* Books on Demand, Norderstedt 2001

Richard David Precht, *Wer bin ich – und wenn ja wie viele? Eine philosophische Reise.* Goldmann, München 2007

Cornelius L. Reid, *Funktionale Stimmentwicklung. Grundlagen und praktische Übungen.* Schott Music, Mainz 2001

Cathrine Sadolin, *Komplette Gesangstechnik.* Shout Publications, Kopenhagen 2010

Wolfgang Saus, *Oberton Singen. Das Geheimnis einer magischen Stimmkunst.* Buch und CD, Traumzeit-Verlag, 3. Aufl., Battweiler 2011

Ali Schmidt, (Hrsg.), *Sacred Songs. 108 der schönsten Mantras und spirituellen Lieder der Welt.* ELI Berlin, Berlin 2008

Wolfram Seidner, *ABC des Singens, Stimmbildung, Gesang, Stimmgesundheit.* Henschel Verlag, 2. Aufl., Leipzig 2010

Wolfram Seidner, Jürgen Wendler, *Die Sängerstimme. Phoniatrische Grundlagen des Gesangs.* Henschel Verlag, 4. Aufl., Leipzig 2010

Manfred Spitzer, *Musik im Kopf.* Schattauer, 2. Aufl., Stuttgart 2014

Barbara Stühlmeyer, Gottfried Hoffmann, *Stimme – Bestimmung. Unterwegs zur Stimme und zu sich selbst.* Verlag DeBehr, Radeberg 2012

Register der Songtitel und LPs

(letztere *kursiv*)